料理はすごい！

シェフが先生！

小学生から使える、子どものためのはじめての料理本

柴田書店

はじめに

料理は不思議です。
玉ねぎや、にんじんや、じゃがいもや、肉や魚……。
そのまま食べてもあまりおいしくないものや、
そのままでは食べられないものが、
煮たり、焼いたり、調味料を加えたりするうちに、
すごくおいしくなってしまう。
なんて不思議で、おもしろいんでしょう。

人間は、どんなときに料理をするのでしょうか？

自分が食べたいものを、自分でつくる。
だれかに食べてもらいたいものを、その人のためにつくる。
みんなでいっしょに食べたいものを、みんなでいっしょにつくる。

どれも大事で、すてきで、たのしいことです。
料理には、生きるために必要な大切なことが、
いっぱいつまっているんですね。

この本には、そんな料理のつくり方が、たくさんのっています。
料理をつくってくれたのは、4人のシェフたち。
おしえてもらったのは、子どもでもつくれる方法です。
だから、料理をつくるのがはじめてでもだいじょうぶ。
つくりたい料理を見つけたら、
どんどんつくってみてくださいね。

おとなの方へ

この本では、子どもたちがつくれるよう、工程をできるだけ詳しくのせています。なかには、本来の方法とは異なる部分もありますが、つくれることを優先しています。

子どものできることには個人差がありますので、調理にかかる時間や、料理の難易度は記していません。お子さんが、どれくらいのことができるのかを見極めて、必要に応じてサポートをしてあげてください。まだ包丁に慣れていないお子さんなら、やわらかい素材から。少しかたいものは、切りやすい大きさまで、材料を切ってあげるといいでしょう。また、熱いお湯や多めの油を使う作業も、子どもだけでは危険です。

もくじ

はじめに …… 3
この本の使い方／この本のきまりごと …… 6

さあ、やってみよう！

おしえてシェフ！ …… 8
おしえてくれるシェフたち …… 9

料理をつくりはじめるまえに、
おぼえておきたい基本の道具と使い方 …… 10
❶材料のはかり方 10／❷包丁のおき方 10／❸フライパンや鍋のおき方 10／❹野菜の皮のむき方 11／❺包丁の使い方 11／❻いろいろな切り方 12／❼そのほかの道具 14

この本で使う、基本の調味料 …… 14

食パンでつくる

ハムとチーズときゅうりのサンドイッチ …… 16
スモークサーモンとアボカドのサンドイッチ …… 18
たまごのサンドイッチ …… 20
いちごのサンドイッチ …… 22
フレンチトースト …… 24

たまごでつくる

エッグベネディクト オーロラソース …… 28
スクランブルエッグ …… 30
オムレツ …… 34

パスタ料理

しめじとベーコンのスパゲッティ …… 40
あさりのスパゲッティ …… 42
ミートソーススパゲッティ …… 44
トマトソースパスタ …… 46

スープとサラダ

かぼちゃのポタージュ …… 50
ミネストローネ …… 52
野菜サラダ 自家製ドレッシング …… 54
ポテトサラダ …… 56

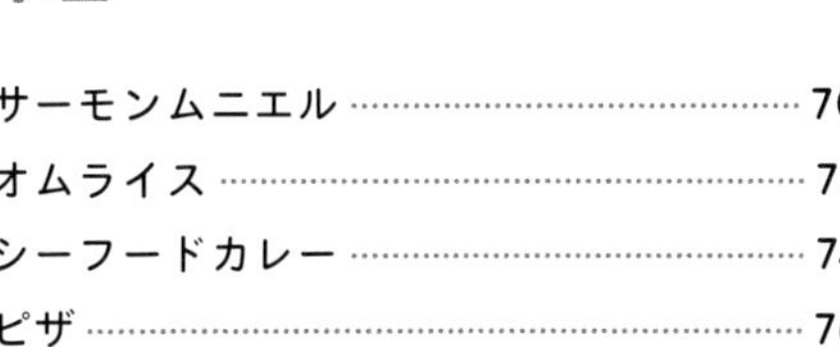

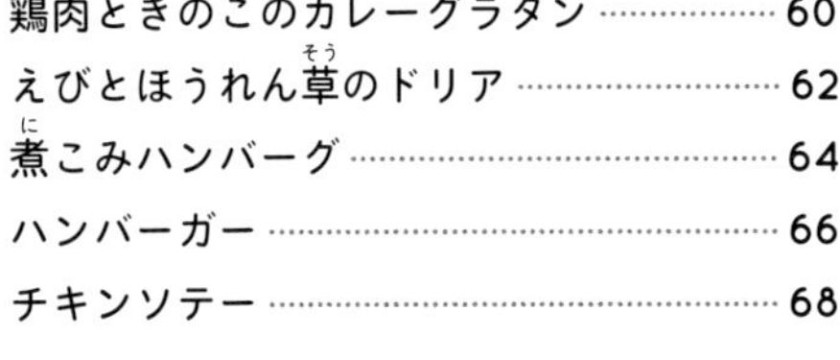

レストランで食べるみたいな、あの料理

鶏肉ときのこのカレーグラタン …… 60
えびとほうれん草のドリア …… 62
煮こみハンバーグ …… 64
ハンバーガー …… 66
チキンソテー …… 68
サーモンムニエル …… 70
オムライス …… 72
シーフードカレー …… 74
ピザ …… 76

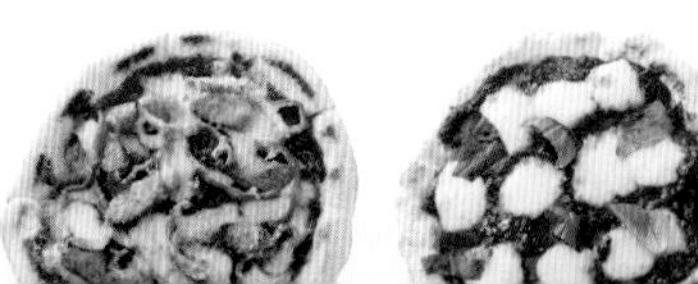

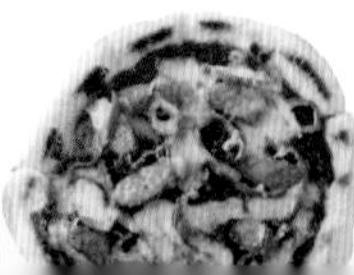

白いごはんに合う おかずと汁もの

野菜炒め …… 80
たまご焼き …… 82
肉じゃが …… 84
豚のしょうが焼き …… 86
焼き肉 …… 88
鶏のてり焼き …… 90
鶏のから揚げ …… 92
豆腐とわかめのみそ汁 …… 94
ちくわとたまごのすまし汁 …… 96

米でつくる、うどんでつくる

親子どん …… 100
牛どん …… 102
まぐろ漬けどん …… 104
しらすとわかめの混ぜごはん …… 106
五目炊きこみごはん …… 108
サーモン巻きずし まぐろ軍艦巻き …… 110
簡単ちらしずし …… 113
具だくさんうどん …… 116
焼きうどん …… 118

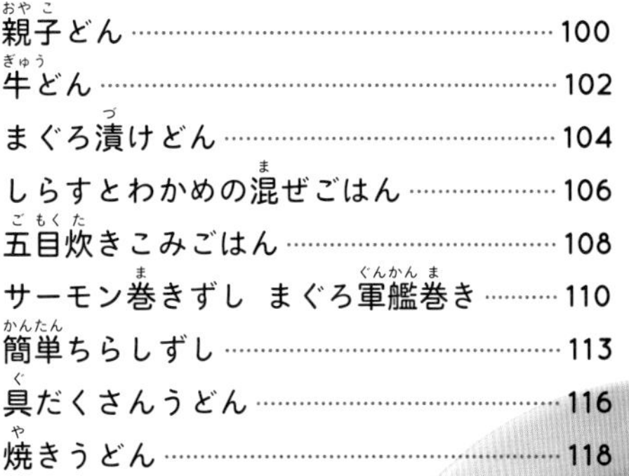

お店で食べるみたいな、あの料理

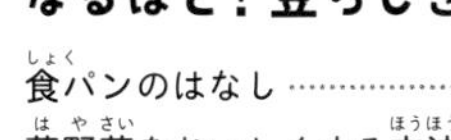

豚肉とかにかまのパラパラチャーハン …… 122
あんかけチャーハン …… 124
焼きそば …… 126
しょうゆラーメン …… 130
塩ラーメン …… 132
かにたま …… 134
えびのケチャップ煮 …… 136
焼きぎょうざ …… 138
しゅうまい …… 140
コーンのスープ …… 142

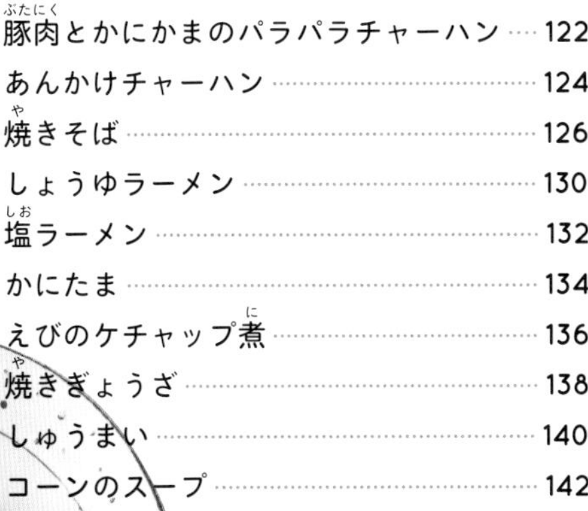

なるほど！豆ちしき

食パンのはなし …… 26
葉野菜をおいしくする方法 …… 33
たまごクイズ！ …… 36
パスタってなあに？ …… 38
オリーブオイルって、どんなオイル？ …… 39
かつおぶしのはなし …… 98
うま味のはなし …… 98
人間は、どうして食べるのかな？ …… 120
栄養素のはなし …… 120

レッツ トライ！

パンのみみをクルトンにする …… 26
おいしそうに見える盛りつけ …… 32
フレンチドレッシングをつくってみよう …… 33
マヨネーズをつくってみよう …… 58
鶏のスープをつくってみよう …… 128
ラーメンのトッピングをつくろう …… 129

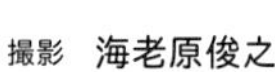

撮影 海老原俊之
AD 細山田光宣（細山田デザイン事務所）
デザイン 能城成美、狩野総子（細山田デザイン事務所）
イラスト 加納徳博
DTP 横村 葵
編集 長澤麻美
おてつだい 関口詞美さん、宮木想さん、宮木紡さん

この本の使い方

- この本には、いろいろな料理がのっています。まず、自分がつくってみたい料理をえらびましょう。
- つくる料理がきまったら、材料とつくり方の文章や写真を見て、必要な材料と道具をそろえましょう。道具は、本にのっているものとまったく同じでなくてもかまいません。たとえばバットがなければ、大きめのお皿を使うなど、かわりになるものをさがしましょう。
- 料理は、準備と順番が大事です。いきなりつくりはじめるのではなく、はじめにつくり方を読んで、やることの順番を、かくにんしておきましょう。
- この本では、最初にやっておくことを、（はじめにやっておくこと）のところにまとめてのせています。
- できあがったらすぐに盛りつける料理は、つくりはじめるまえに、うつわも用意しておきましょう。

この本のきまりごと

- 野菜はすべて水で洗っていますが、「水で洗う」という文章は省略しています。書いていなくても、水で洗って使ってください。
- 分量の「大さじ1」は、計量スプーンの大さじ1ぱい分で、15mℓです。「小さじ1」は、計量スプーンの小さじ1ぱい分で、5mℓです。
- 「ひとつまみ」は、おとなの手の親ゆび、人差しゆび、中ゆびの3本のゆびでつまんだくらいの量。子どものゆびなら、もう少し多めにつまみます。
- 「好きな量」は、自分の好みに合った量、または必要と思う量のことです。
- 材料の「酒」は、日本酒を使っています。「しょうゆ」と書いてあるときは、濃口しょうゆを使っています。薄口しょうゆを使うときは「薄口しょうゆ」と書いてあります。
- 電子レンジは600Wのものを使っています。
- 「弱火」（🔥🔥🔥）は、ほのおの先が鍋の底にあたらない状態。「中火」（🔥🔥🔥🔥）は、ほのおの先が鍋の底に少しあたっている状態。「強火」（🔥🔥🔥🔥🔥）は、ほのおが鍋の底全体にあたっている状態が目安です。
- つくり方の文の中に出てくる時間は、だいたいの時間です。使う調理器具などによって、少しかわることもあります。
- 調味料の量も、だいたいの目安です。とちゅうで味見をしながら、自分の好きな味に調整するといいでしょう。
- 細かく切る、たくさんのお湯でゆでる、蒸す、油で揚げるなど、少しむずかしかったり、あぶなそうなことは、おとなの人にてつだってもらいましょう。

さあ、やってみよう！

おしえてシェフ！

どうしたら、料理はおいしくつくれるんだろう？
テレビで見るシェフたちは、
なんだか簡単につくっているみたいに見えるけど……。
つくり方に、コツがあるのかな？
もしかして、なにか秘密があるのかな？
シェフたちに、おしえてもらっちゃおう！

料理大好き！
ぜったいおいしくつくりたいから、
つくり方をきちんとおそわりたいな。

食べたいものが、自分でつくれるなんてサイコー！
いっぱいつくって、いっぱい食べるぞ。

盛りつけも大事だよね。
これもしっかりおぼえなきゃ！
お兄ちゃん、だいじょうぶ？

だいじょうぶ！　きっと簡単だよ。
（でも、ホントにちゃんとできるかな……）

料理をはじめるまえに、
身じたくをととのえましょう。

❶エプロンをつける。
❷髪が長い子は、髪をしばる。
　三角巾があればつける。
❸服のそでが長ければ、まくっておく。
❹つめが長ければ、切っておく。
❺手を洗っておく。

おしえてくれるシェフたち

みんなが大好きな料理を、
たくさんおしえるわよ！

フランス料理レストラン
「モルソー」
秋元シェフ

失敗なんて、気にしない！
少しぐらい形がへんだって、
そんなのぜんぜんOKだよ。

イタリア料理レストラン
「モンド」
宮木シェフ

白いごはんに合う料理なら、
おまかせ！
うどんもあるよ。

日本料理店
「賛否両論」
笠原シェフ

フライパンでつくれる中華料理を、
バッチリおしえるよ！

中華料理レストラン
「4000チャイニーズレストラン」
菰田シェフ

料理をつくりはじめるまえに、おぼえておきたい基本の道具と使い方

1 材料のはかり方

計量スプーンではかる

»大さじ1は15㎖、小さじ1は5㎖の計量スプーンを使う。はかり方は同じ。

※㎖は「ミリリットル」と読む。

大さじ1

液体は、ふちからこぼれないように入れる。

粉類は、山盛りにすくってから、すりきりベラですりきる。

大さじ$\frac{1}{2}$

粉類は、大さじ1の形にしてから、すりきりベラでまん中に線を入れて半分をかき出す。

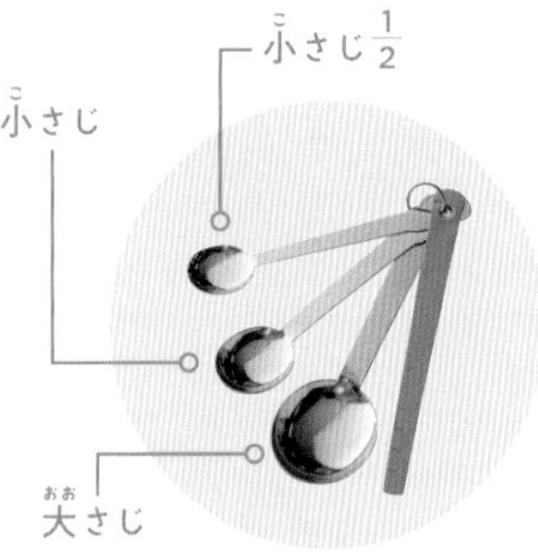

計量スプーン

計量カップではかる

»これは200㎖まではかれるもの。

※1ℓは、1000㎖と同じなので、200㎖の計量カップ5はい分。ℓは「リットル」と読む。

計量カップをたいらなところにおいて、材料を入れ、横からまっすぐ目盛りを見る。

計量カップ

はかりではかる

»重さをはかる。デジタルタイプが使いやすい。

※gは「グラム」、kgは「キログラム」と読む。

先にうつわをのせて、目盛りを0gにしてから、うつわにはかりたいものを入れてはかる。

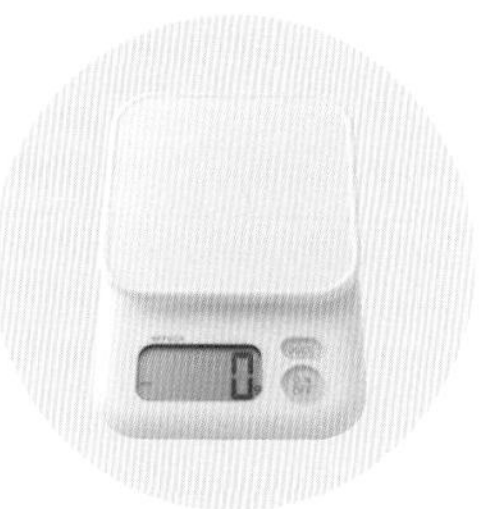

はかり

2 包丁のおき方

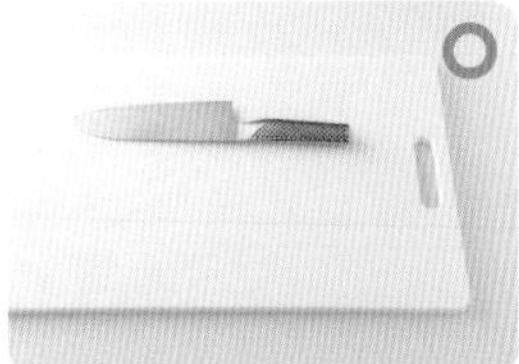

○ 包丁をおくときは、刃をむこう側にむけて、まな板の奥のほうにおく。

× まえにはみ出ていると、ひっかけて落としたりするので、あぶない。

3 フライパンや鍋のおき方

○ フライパンや鍋を火にかけるときは、柄を横のほうにむけておく。

× まえにはみ出ていると、ひっかけて落としたりするので、あぶない。

④ 野菜の皮のむき方

玉ねぎは、ボウルにためた水の中にしばらく入れておいてから、茶色い皮を手ではがす。

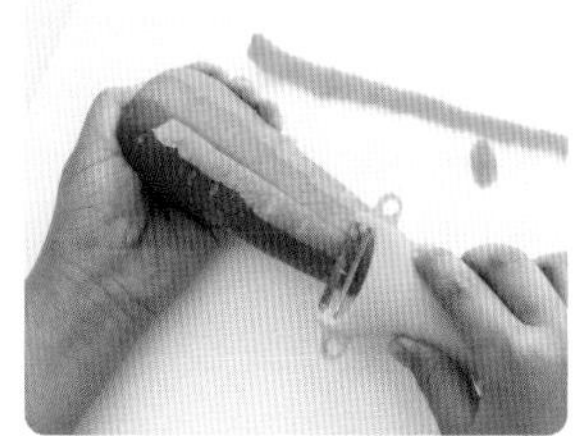

にんじんやじゃがいもの皮は、ピーラーでむく。

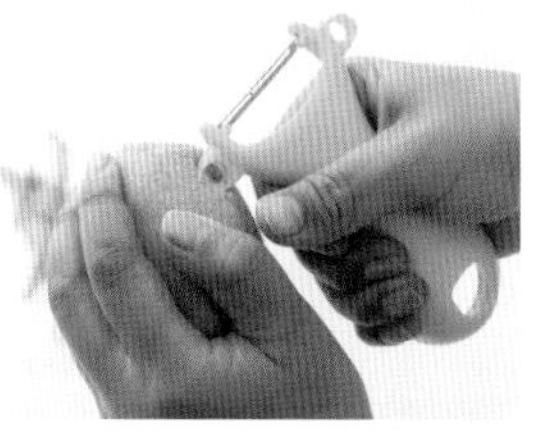

じゃがいもの芽は、ピーラーの両側の出っぱった部分でくりぬくようにしてとる。

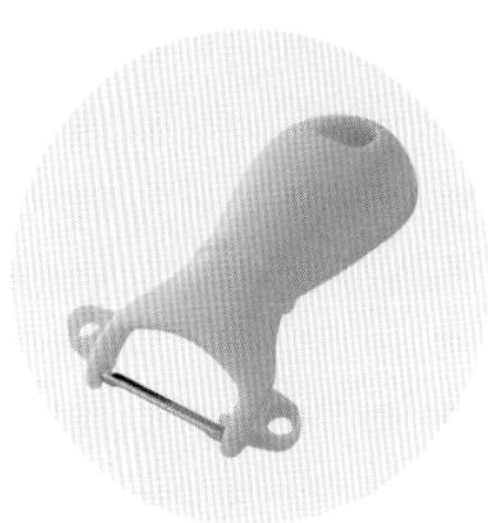

ピーラー

⑤ 包丁の使い方

包丁は、「柄」の部分をしっかりもつ。ただし、あまりギュッとちからを入れすぎないように。切るときは、包丁をもっていないほうの手で材料をしっかりとおさえる。包丁は、むこう側におしたり、手まえ側にひいたりして切る。

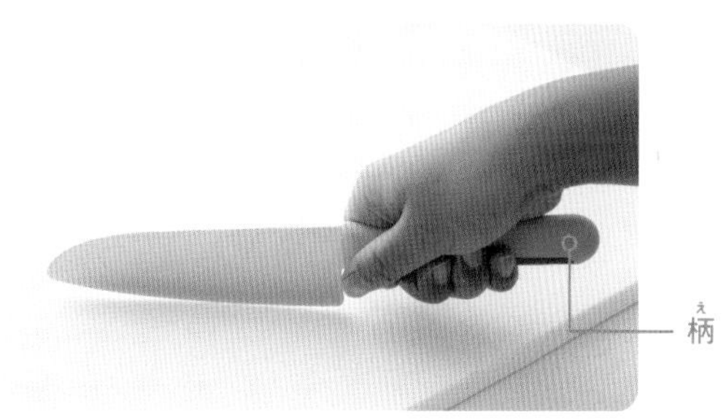

材料をおさえるほうの手は、ゆび先を丸めておく。

ゆび先がのびていると、まちがって切ってしまうことがある。

包丁

子ども用包丁、おとな用の三徳包丁など、手の大きさやちからの強さに合ったものを使う。

まな板

プラスチック製や木製がある。肉や魚を切ったあとに、生で食べる野菜は切らない。

⑥ いろいろな切り方

玉ねぎを薄切りにする

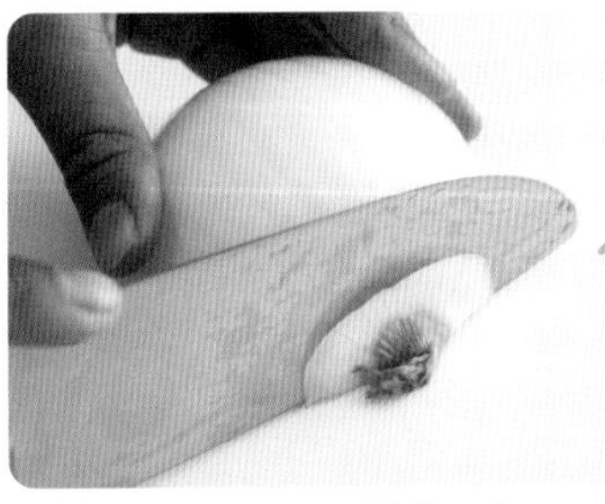

皮をむいて、たて半分に切った玉ねぎを、切り口を下にしておく。上と下の部分を切りおとす。

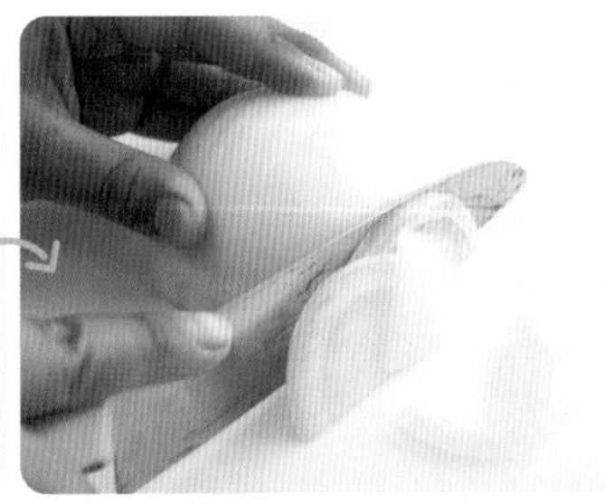

包丁をもっていない手で玉ねぎをしっかりおさえ、はじからたてに薄く切っていく。

ほうれん草をざく切りにする

ほうれん草をまとめて、ざくざくと大まかに切っていく。

玉ねぎをみじん切りにする

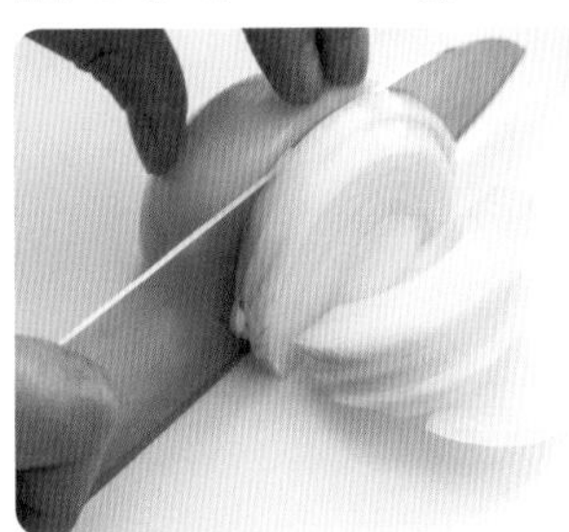

半分に切った玉ねぎを、たてに薄切りにする。

薄切りにしたものを何枚かかさねて、はじから細かく切る。

切ったところが丸くなる切り方。

きゅうりを輪切りにする

包丁をもっていない手できゅうりをしっかりおさえ、はじから切っていく。

トマトをくし形切りにする

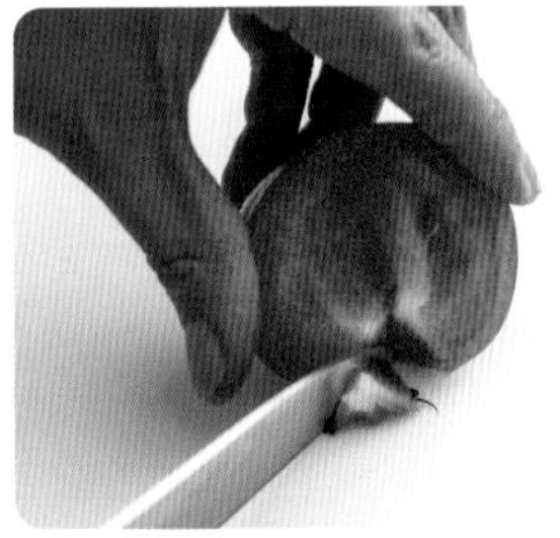

たて半分に切ったトマトのヘタの部分を、三角に切りとる。

同じ形になるように切る。

じゃがいもを半月切りにする

皮をむいて半分に切ったじゃがいもを、切り口を下にしておき、はじから切っていく。

たて、横、高さが全部1cmの四角なら、「1cm角に切る」という。

にんじんをたんざく切りにする

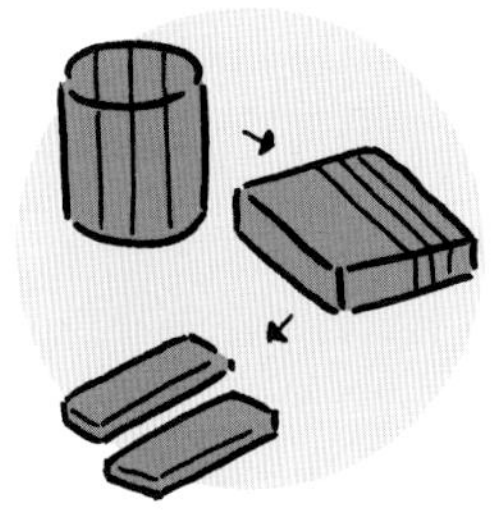

にんじんを、5cmくらいの幅に切り、たてに1cm厚さくらいに切る。1枚ずつたおして、はじから薄く切っていく。

にんじんを角切りにする

にんじんを厚めの輪切りにし、1枚ずつたおしてぼうに切る。これを四角になるようにはじから切る。

角切りより、細かく切る。

にんじんをみじん切りにする

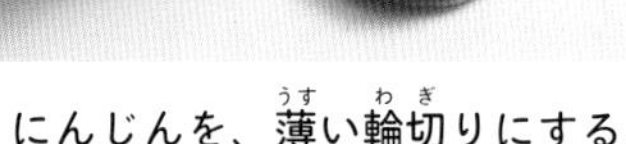

にんじんを、薄い輪切りにする。

輪切りにしたものを何枚かかさねて、細く切る。

細く切ったものをまとめておさえて、はじから細かく切る。

「まわし切り」ともいう。

にんじんを乱切りにする

にんじんをまわしながら、ななめに切っていく。形はそろえないで、大きさはだいたい同じになるようにする。

⑦ そのほかの道具

ボウル

材料を混ぜたりするときに使う。大きいものと小さいものがあると便利。

ザル

水やお湯をきるときに使う。

バット

材料をならべたり、粉をつけたりするときに使う。

フライパン

くっつきにくい加工がしてあるものがよい。大きいものと、小さいものがあると便利。

鍋

柄がついた「片手鍋」と、もつところが2つついた「両手鍋」がある。

タイマー

ゆで時間、煮こみ時間などをセットしておくと、音でしらせてくれる。なければふつうの時計で時間をはかる。

ヘラ　お玉

フライ返し

穴あきお玉
あみじゃくし

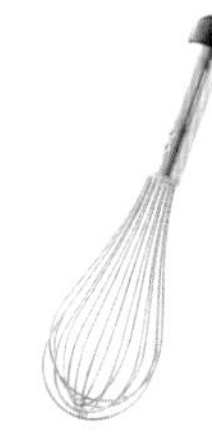

泡立て器

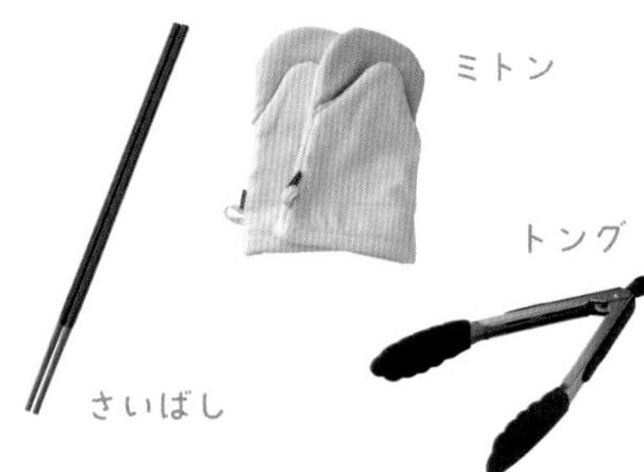

さいばし　ミトン　トング

この本で使う、基本の調味料

※しょうゆはふつうの「濃口しょうゆ」と「薄口しょうゆ」がある。薄口しょうゆは、ふつうのしょうゆより色が薄い。

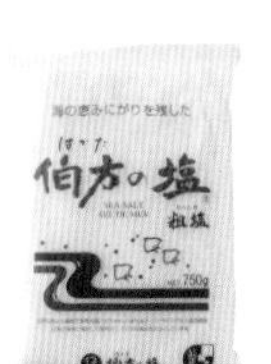

塩

コショウ

しょうゆ

酢

酒

みりん

さとう

みそ

サラダ油

オリーブオイル

ごま油

カレー粉

バター（有塩）

マヨネーズ

ケチャップ

オイスターソース

鶏がらスープのもと

食パンでつくる

食パンは、こんがり焼いて、バターやジャムをぬってもおいしいけれど、ほかにもおいしい食べ方があるよ。たとえばサンドイッチ。友だちがあそびにくるときにたくさんつくってもいいし、おべんとうに入れてもいいね。
じゃあ、さっそくつくってみよう！

ハムとチーズときゅうりのサンドイッチ

あいしょうのいい具の組み合わせ。
ハムは1段でもいいけど、かさねてのせると、
切り口がおいしそうでしょ。

サンドイッチ2こ分の材料

8枚切りの食パン…2枚
きゅうり…1本
ロースハム…6枚
スライスチーズ…2枚
バター…15g
マヨネーズ…好きな量

※きゅうり1本は、切るときの大きさ。このうち使うのは、ななめ薄切りにしたもの3枚。

どのサンドイッチも、
ラップでつつんで冷蔵庫に
少しおいてから切ると、
じょうずに切れるわよ。

つくり方（はじめにやっておくこと）

バターを冷蔵庫から出しておき、ぬりやすいやわらかさにする。

食パンを2枚かさねて、みみを切りおとす。

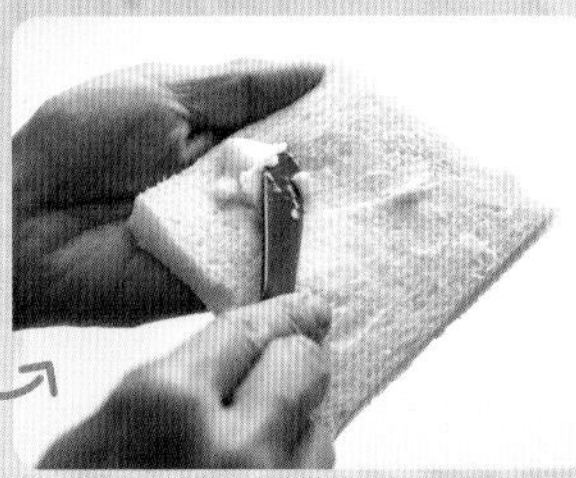

バターナイフなどで、両方の食パンの片面にバターをぬる。

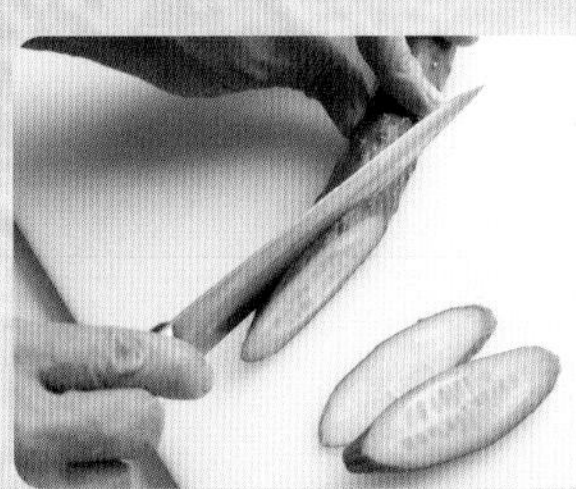

きゅうりを、パンの幅と同じ長さぐらいの、ななめ薄切りに3枚切る。

（パンに具をのせる）

ラップをしいて、バターをぬった面を上にしてパンを1枚おき、チーズをずらして2枚のせる。

チーズの上に、きゅうりを3枚、横にしてのせる。

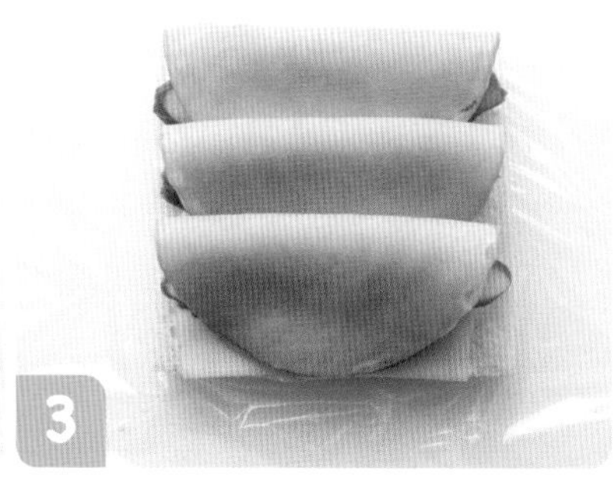

ハムを半分におりたたんで、3枚のせる。

まん中は、あとで切るところだから、あけておいてね。

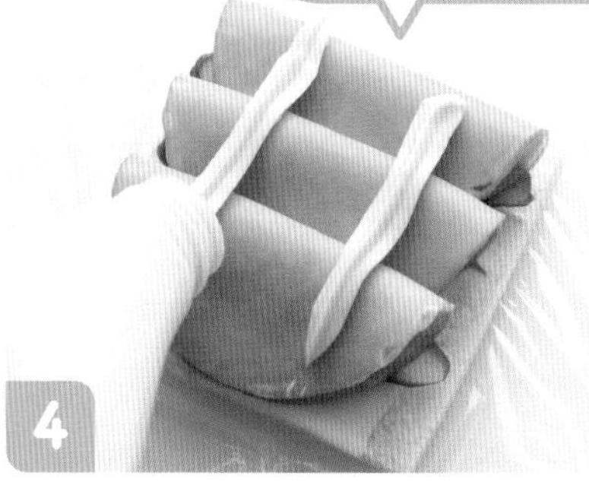

まん中をあけて、マヨネーズを2れつにしぼる。

のこり3枚のハムもおりたたみ、今度はぎゃくむきにしてのせる。

（はさんで切る）

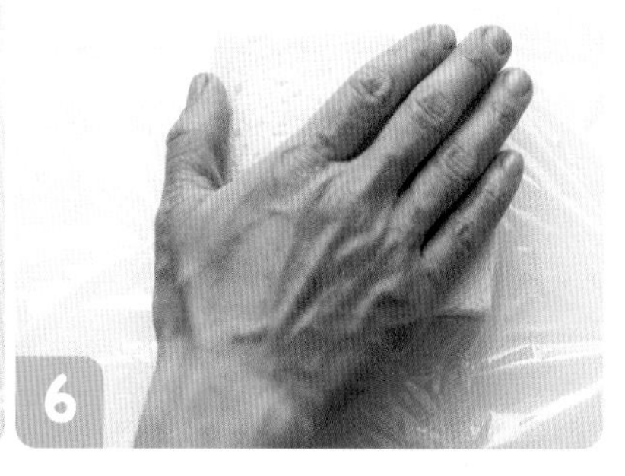

もう1枚のパンを、バターをぬった面を下にしてのせて、軽く上からおさえる。

切る方向を、まちがえないためのしるしよ。

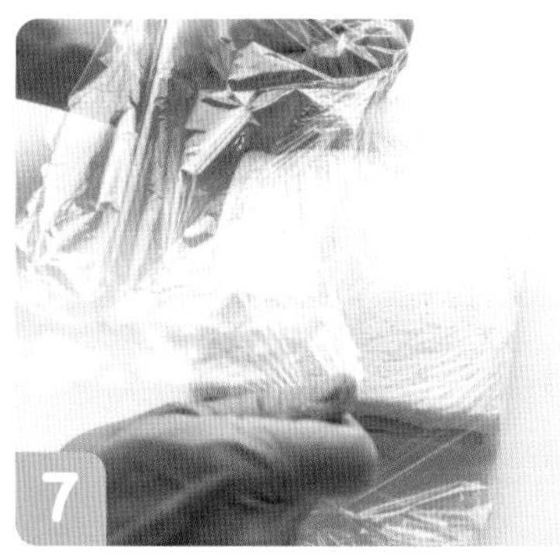

しいていたラップをかぶせて、しっかりと全体をつつむ。

具をのせるときに上になっていたほうにしるしをつけて、冷蔵庫に30分入れておく。

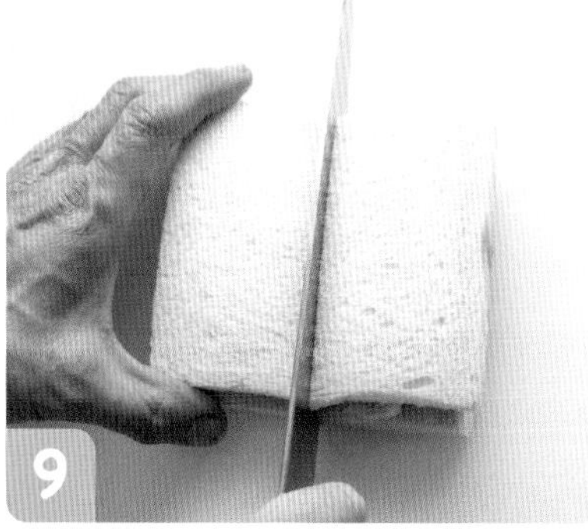

ラップからとり出し、しるしがついていたほうを上にしてまな板におき、半分に切る。

スモークサーモンとアボカドのサンドイッチ

アボカドは、つぶすとクリームみたいになって、
はさみやすいの。
サーモンとの色の組み合わせもきれいでしょ。

サンドイッチ2こ分の材料

8枚切りの食パン…2枚
スモークサーモン…4枚
玉ねぎ…少し
アボカド…大きいもの1こ
マヨネーズ…大さじ$\frac{1}{2}$
塩…ひとつまみ
バター…15g

食べごろに熟したアボカドを使うのがポイント。フォークで簡単につぶせるわよ。

玉ねぎはたてに薄切りにして水に少しつけ、ペーパータオルで水気をとる。

アボカドはまな板におき、たてに包丁を入れて、種のまわりをぐるっと切る。

右と左のアボカドを、はんたい方向にまわして、2つに分ける。

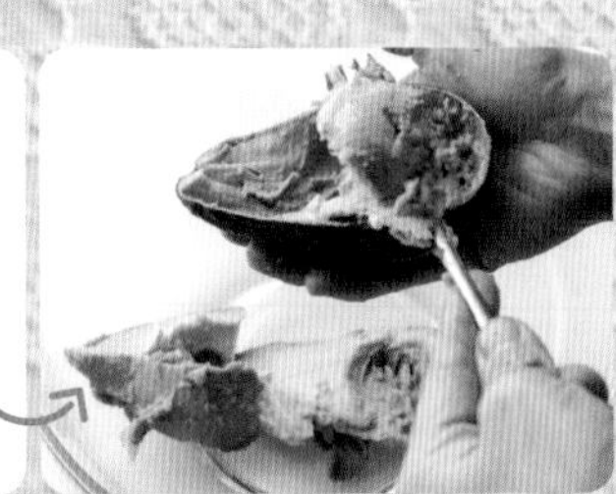

種をとり、実の部分をフォークなどでとり出して、ボウルに入れる。

(具をつくる)

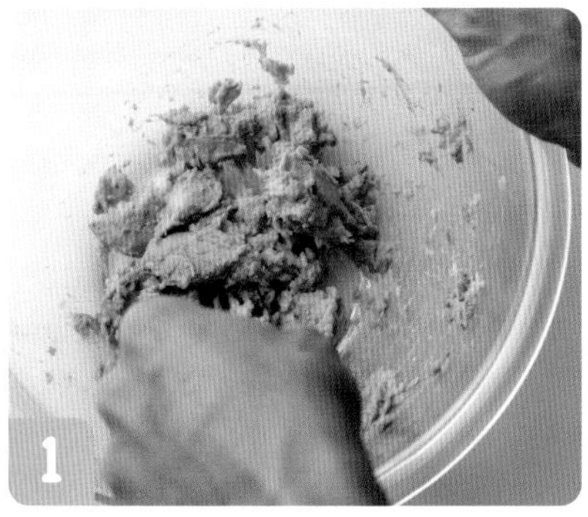

アボカドを、フォークであらくつぶす。

マヨネーズと塩を入れて、ゴムベラでよく混ぜ合わせる。

(パンに具をのせる)

パンのみみを切り落とし、2枚とも片面にバターをぬる。やり方は、16ページと同じ。

切るときにはみ出るから、はじのほうにはたくさんのせないでね。

ラップをしいて、バターをぬった面を上にしてパンを1枚おき、2をたいらにひろげてのせる。

玉ねぎを、横にしてのせる。

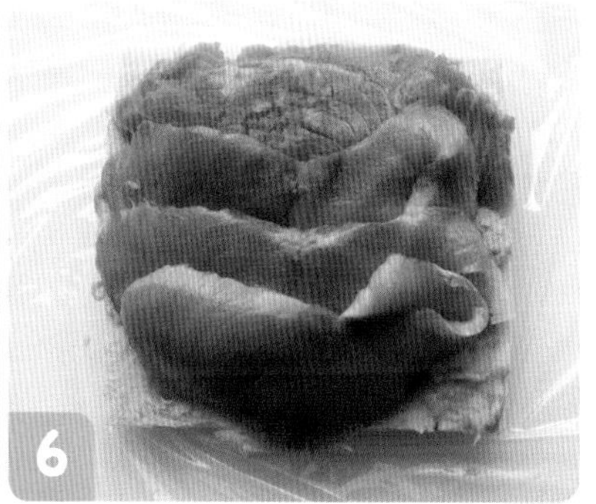

スモークサーモンを、少しずつかさねながら、横にしてのせる。

(はさんで切る)

切る方向を、まちがえないためのしるしよ。

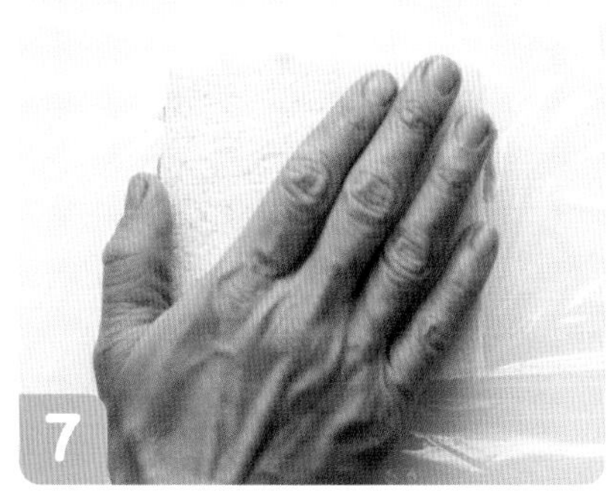

もう1枚のパンを、バターをぬった面を下にしてのせて、軽く上からおさえる。

ラップでしっかりと全体をつつみ、上がわかるようにしるしをつけ、冷蔵庫に30分入れておく。

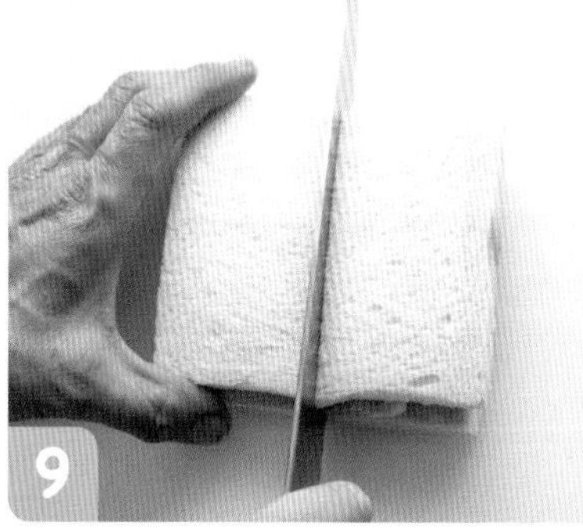

ラップからとり出し、しるしがついていたほうを上にしてまな板におき、半分に切る。

たまごのサンドイッチ

きざんだゆでたまごの具をはさんだ、
ボリュームたっぷりのサンドイッチ。

サンドイッチ2こ分の材料

8枚切りの全粒粉入りの食パン…2枚

たまご…4こ

マヨネーズ…大さじ2

粒なしのマスタード…大さじ1

バター…15g

※たまご4こはつくりやすい分量なので、具は多めにできる。

※マスタードを入れると、おいしくなる。これくらいの量ならからくならない。

粒なしのマスタード

全粒粉入りの食パン

たまごとあいしょうのいい、全粒粉入りの食パンを使ったけれど、もちろんふつうの食パンでもおいしくできるわよ。

つくり方（はじめにやっておくこと）

すぐに冷やすと、からがきれいにむけるわよ。

水は、たまご全体がかぶるように入れてね。

鍋にたまごと水を入れて強火にかける。わいたら中火にし、9分ゆでる。

穴あきのお玉ですくい、すぐに氷水に入れて冷やす。

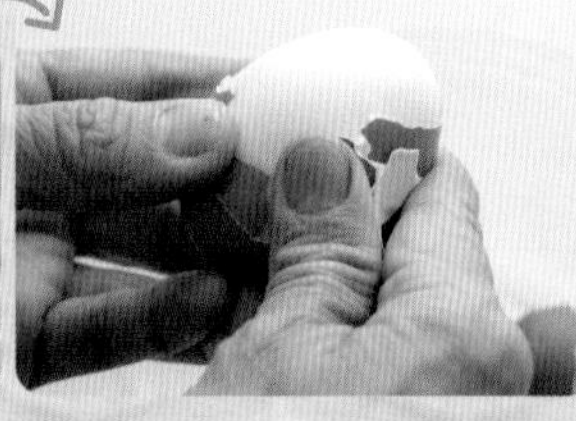

冷えたら、ゆでたまごをかたいところにあてて、ひびを入れ、からをむく。

（具をつくる）

ゆでたまごをみじん切りにする。

1をボウルに入れて、マヨネーズとマスタードを加えて、よく混ぜる。

（パンに具をのせる）

パンのみみを切り落とし、2枚とも片面にバターをぬる。やり方は、16ページと同じ。

ラップをしいて、バターをぬった面を上にしてパンを1枚おき、2をたいらにひろげてのせる。

切るときにはみ出るので、はじのほうには、たくさんのせない。

（はさんで切る）

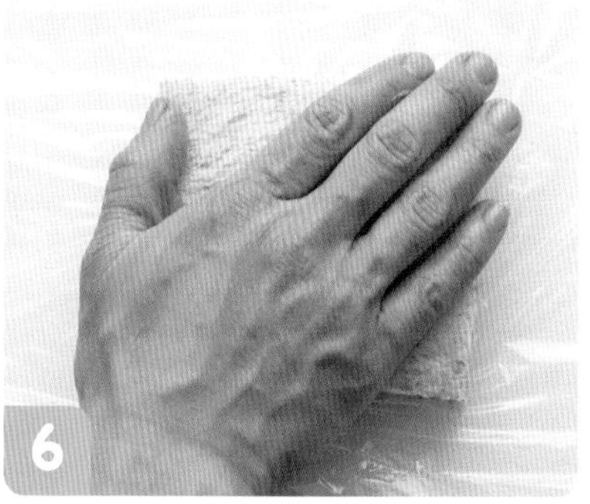

もう1枚のパンを、バターをぬった面を下にしてのせて、軽く上からおさえる。

しいていたラップをかぶせて、しっかりと全体をつつむ。

冷蔵庫に30分入れておく。

ラップからとり出し、まな板におき、半分に切る。

いちごのサンドイッチ

甘ずっぱいいちごと生クリームの組み合わせがおいしい、デザートサンドイッチ。切り口がきれいに見える、いちごのならべ方がポイントよ。

サンドイッチ2こ分の材料

8枚切りの食パン…2枚
いちご…4こ
こしあん…好きな量
☆「生クリーム…100mℓ
☆ さとう…大さじ$\frac{1}{2}$
クリームチーズ…大さじ2
バター…15g

※こしあんは、やわらかめのものがぬりやすい。
※こしあんなしでつくってもよい。

こしあん

生クリームは、少しかために泡立ててね。クリームチーズを入れると、クリームの味が濃くなっておいしくなるわよ。

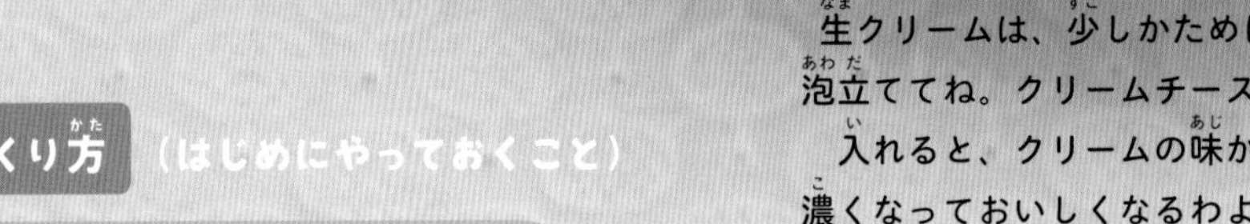

つくり方（はじめにやっておくこと）

泡立て器を横に早くうごかして泡立てる。
電動のハンドミキサーを使ってもいい。

☆をボウルに入れ、氷を入れた別のボウルにのせて、泡立て器で泡立てる。

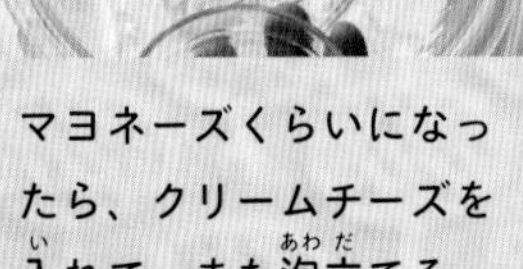

マヨネーズくらいになったら、クリームチーズを入れて、また泡立てる。

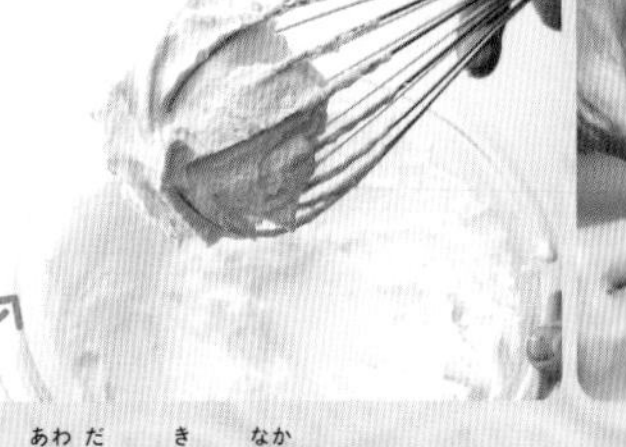

泡立て器の中から、クリームがおちないくらいのかたさになればいい。

いちごはすべてヘタを包丁で切りおとし、1つだけたて半分に切っておく。

（パンに具をのせる）

切るときにクリームがはみ出るから、
はじのほうは薄めにぬってね。

1

パンのみみを切り落とし、2枚とも片面にバターをぬる。やり方は、16ページと同じ。

2

1枚のパンのバターをぬった面に、こしあんを、ゴムベラでぬりつける。

3

ラップをしいて、2のパンを、こしあんをぬった面を上にしておき、生クリームをぬりつける。

まん中に、形のいいいちごをならべると、
切り口がきれいになるわよ。

4

丸ごとのいちご3こを、まん中にうめるようにたてにならべる。両側に切ったいちごをおく。

5

いちごをずらさないように気をつけながら、上にも生クリームをぬりつける。

6

ぬりおわり。

（はさんで切る）

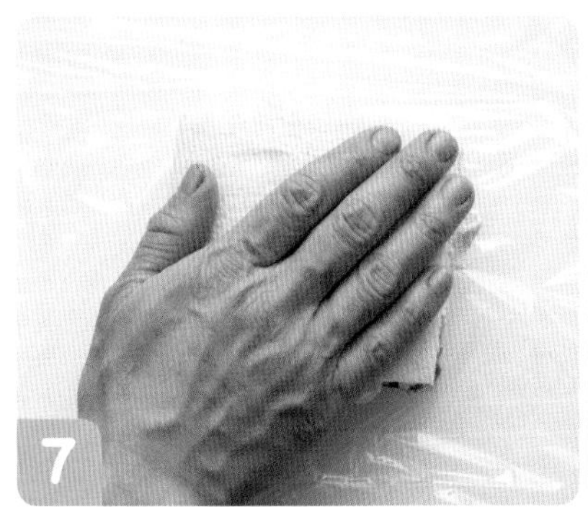
7

もう1枚のパンを、バターをぬった面を下にしてのせて、軽く上からおさえる。

8

ラップでしっかりと全体をつつみ、上がわかるようにしるしをつけ、冷蔵庫に30分入れておく。

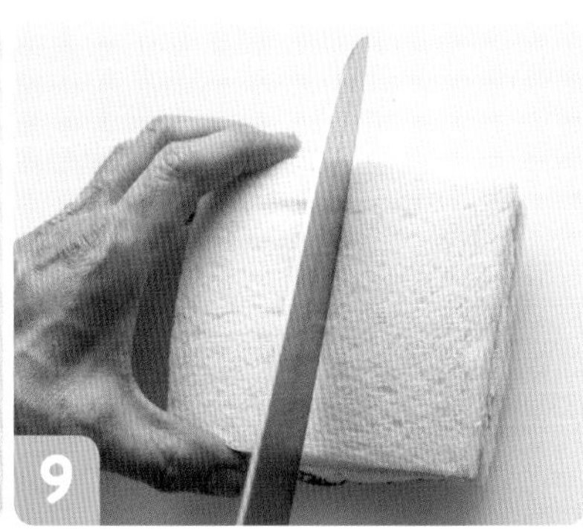
9

ラップからとり出し、しるしがついていたほうを上にしてまな板におき、半分に切る。

フレンチトースト

甘くてふわふわで、レストランのデザートみたいでしょ。
いっしょに焼いたバナナもおいしい！

4人分の材料

- 4枚切りの食パン…2枚
- バナナ…1本
- たまご…2こ
- 牛乳…250mℓ
- バニラアイスクリーム…100g
- グラニューとう…大さじ$\frac{1}{2}$
- バター…30g
- メイプルシロップ…好きな量
- 粉ざとう…少し

※グラニューとうがなければ、ふつうのさとうでよい。

つくり方（はじめにやっておくこと）

食パンは、みみを切り落とす。

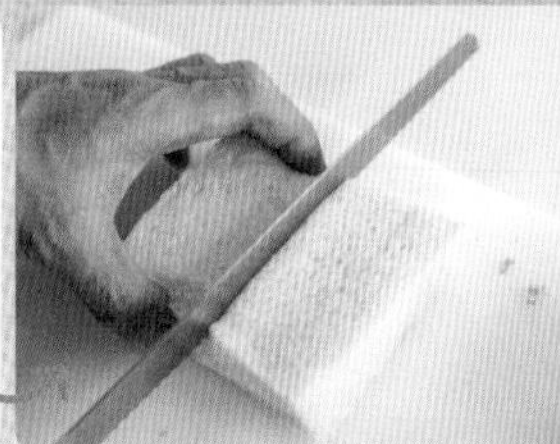

半分に切る。

バナナは皮をむき、1cm厚さの輪切りにする。

たまごをわってボウルに入れ、ほぐしておく。

（たまご液をつくってパンをつける）

バニラアイスクリームをうつわに入れ、ラップをかけて、電子レンジに2分かけてとかす。

1にグラニューとうを入れて、混ぜてとかす。

ほぐしたたまごに、牛乳と2のアイスクリームを入れて混ぜる。

3のたまご液にパンを入れて、ラップをかける。

電子レンジを使えば、たまご液を早くしみこませることができるわよ。

電子レンジに1分かけ、いちどとり出してパンをうら返し、また電子レンジに1分かける。

（フライパンで焼く）

フライパンにバターを入れて、中火にかける。バターが少し茶色くなったら、バナナを入れる。

バナナの横に、5のパンをトングでやさしくはさんで入れる。

バナナは先に焼けるので、とり出しておいてね。

バナナとパンの下のほうが茶色くなってきたら、トングでうら返して、また焼く。

（盛りつける）

うらも焼けたら、うつわに盛りつけて、バナナをのせ、メイプルシロップと粉ざとうをかける。

なるほど！豆ちしき

食パンのはなし

食パンは、トーストにしたりして、みんながいちばん家で食べることが多いパンじゃないかな。四角いからサンドイッチもつくりやすいね。ところで、このパンをなんで「食パン」ていうんだろう？　この名前がついた理由には、いろいろな説があるんだって。しらべてみると、おもしろいよ。

食パンのかたまりの数え方は、しっているかな？　1斤、2斤と数えるよ。サイコロの形みたいなかたまり1つが、1斤。上のほうが、少し丸くなっているタイプもある。お店では、切って売っていることが多いね。1斤のかたまりを、何枚に切り分けたかで、よび方がかわるよ。たとえば、4枚に切り分けたものが「4枚切り」、6枚に切り分けたものが「6枚切り」、8枚に切り分けたものが「8枚切り」とよばれる。だから数が大きくなるほど、1枚のパンの厚さは薄くなるんだね。

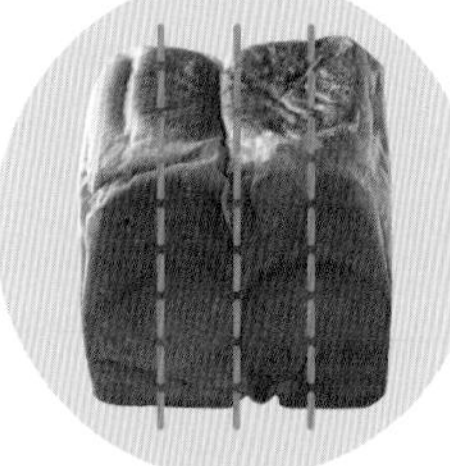
4枚切り

6枚切り

8枚切り

レッツトライ！

パンのみみをクルトンにする

食パンの、はじっこの茶色い部分を「みみ」っていうね。サンドイッチをつくるときに、切りおとしたみみは、もちろんそのまま食べてもいいけれど、食べきれなかったら、「クルトン」にしておくといいよ。クルトンはサクサクにした小さなパンで、スープにのせたり、サラダにちらしたりする。こうばしくておいしいよ。

つくりやすい量の材料

8枚切りの食パンのみみ…4本
サラダ油…大さじ1

※パンのみみは、そろえてはじから5mm幅くらいに切っておく。

こげやすいので、ずっと混ぜながら炒める。

1 フライパンにサラダ油とパンのみみを入れて、ゴムベラで混ぜながら弱火で5分ぐらい炒める。

2 できあがり。ペーパータオルの上にとり出して、油をきる。

※ペーパータオルをしいた保存容器に入れて、ふたをしておく。あまり長くおくと味が悪くなるので、3日くらいで使いきる。

たまごでつくる

たまごは、みんなの家の冷蔵庫に、かならず入っているんじゃないかな？ ゆでたまごにしたり、目玉焼きにしたり、たまご焼きにしたり。いろいろな使い方ができて便利だね。ここでは、たまごの特徴がよくわかる、3つの料理をおしえるよ。どれが好きかな？

エッグベネディクト オーロラソース

たまごをお湯におとしてつくるポーチドエッグのとろとろの黄身を、
ソースと混ぜて、イングリッシュマフィンにたっぷりからめて食べてね。

1人分の材料

たまご…1こ
小さめのレタス…2枚
缶詰のツナ…大さじ1
イングリッシュマフィン…$\frac{1}{2}$枚

酢…大さじ1
★マヨネーズ…大さじ4
★ケチャップ…大さじ1
★ウスターソース…小さじ$\frac{1}{2}$
★牛乳…大さじ1

※イングリッシュマフィンがなければ、ほかのパンでもよい。

ポーチドエッグをじょうずにつくるコツは、できるだけ新鮮なたまごを使うこと。ゆでるときに、お湯に酢を入れておくこともポイントよ。

つくり方 (はじめにやっておくこと)

焼くまえに、切り目を入れておくと食べやすいよ。

イングリッシュマフィンを、オーブントースターでこんがり焼く。

★の材料を混ぜ合わせて、オーロラソースをつくる。

レタスを水に5分つけてから、ペーパータオルで水気をしっかりとる。

たまごをわり、小さいうつわに入れる。ボウルに、氷水を用意する。

（ポーチドエッグをつくる）

お湯に酢を入れておくと、白身がかたまりやすくなるのよ。

できるだけ、うつわをお湯にちかづけておとしてね。

1 鍋に水を1ℓ入れて、強火にかける。わいたら、酢を大さじ1入れる。

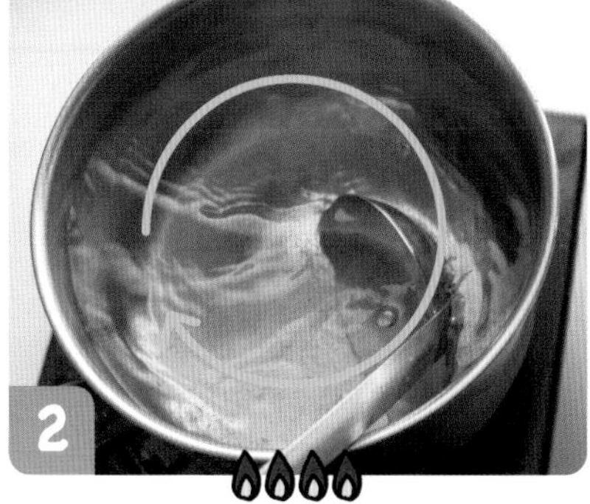

2 弱めの中火にし、お玉などで、お湯をぐるぐるまわす。

3 お湯がまわっているうちに、まん中に、たまごをゆっくりおとす。

はみ出た白身を切りとっておくと、きれいに盛りつけられるわよ。

4 あまりグツグツわきすぎない火かげんで、そのまま3分ゆでる。

お湯のうずのおかげで、白身がまとまってくるよ。

5 白身がかたまったら、たまごをあみじゃくしでしずかにすくう。

6 氷水にゆっくり入れて冷やしてから、ペーパータオルの上にのせて、水気をとる。

（盛りつける）

7 イングリッシュマフィンをうつわにおいて、レタスをのせ、ツナをのせる。

8 6のポーチドエッグをのせる。

9 オーロラソースをかける。

スクランブルエッグ

盛りつけしだいで、すてきなランチプレートのできあがり。
パンやスープをそえてもいいわよ。

2人分の材料

たまご…3こ
甘くないヨーグルト…大さじ2
塩…少し
バター…10g
ベーコン…4枚
「サラダ野菜…好きな量
└プチトマト…2こ
ケチャップ…好きな量

※サラダ野菜は、レタスや水菜など、生で食べられる葉野菜。
※小さめのフライパンを使う。

つくり方（はじめにやっておくこと）

ベーコンをフライパンで炒め、★といっしょにうつわに盛りつけておく。

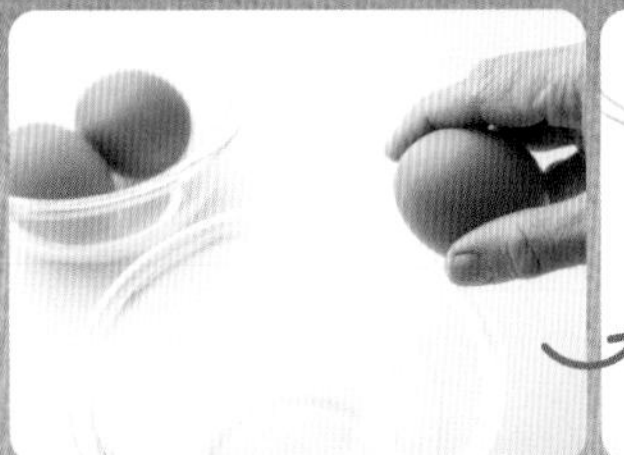

たまごをボウルのふちに軽くあててひびを入れ、

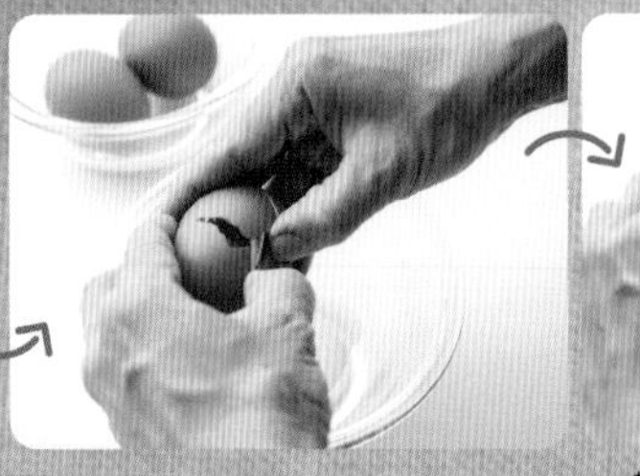

ひびにゆびをあてて、からをひらき、

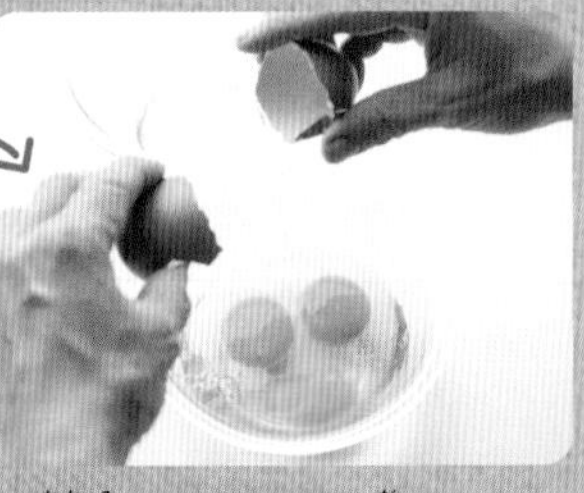

中身をボウルに出す。3こ分を合わせておく。

（たまごをほぐしてたまご液をつくる）

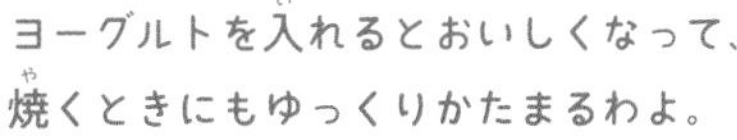

たまごを混ぜてほぐす。

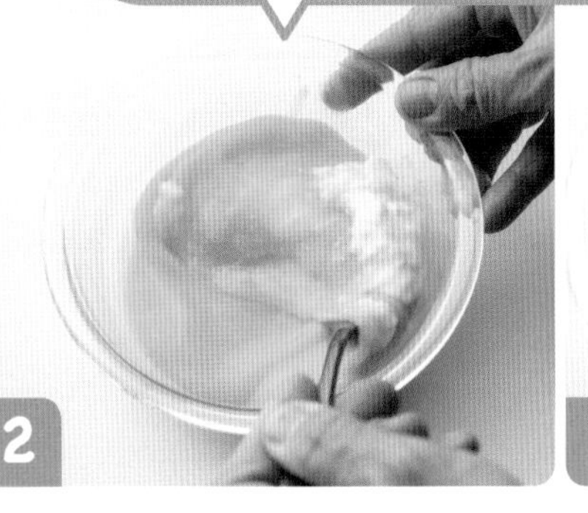

ヨーグルトを入れて、よく混ぜ合わせる。

混ぜおわった、たまご液。

（フライパンでスクランブルエッグをつくる）

フライパンを強火にかけ、バターを入れる。バターの泡がへって、少し茶色くなってきたら、

3のたまご液を入れる。

たまご液のまわりが少しかたまってきたら、

かたまってきたところをはがすようにしながら、ゴムベラで全体を10回かき混ぜて、

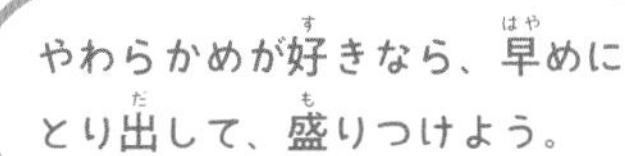

火をとめる。火をとめたあとも、フライパンの熱でどんどんかたまってくる。

（盛りつける）

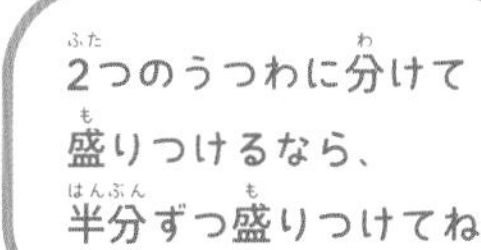

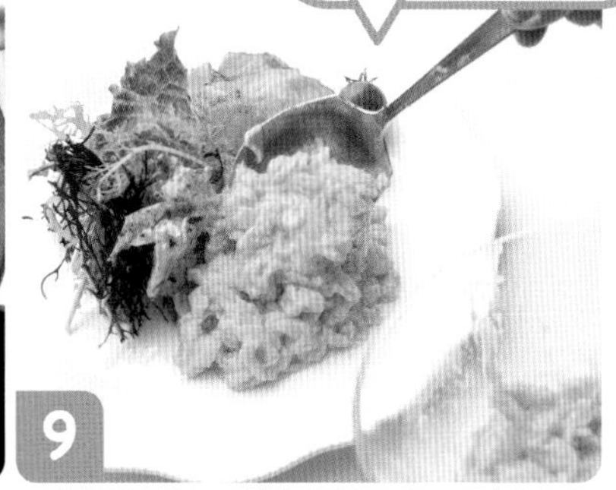

ベーコンや野菜をのせたうつわに盛りつけて、小さなうつわに入れたケチャップをのせる。

レッツトライ！

おいしそうに見える盛りつけ

料理には、盛りつけがとっても大事。せっかくおいしくつくった料理も、盛りつけのせいで、あんまりおいしそうに見えなかったらもったいないね。
とくに、できあがった料理の色が1色だったり、味が1つだったり、形がちょっとまとまりにくいときは、「つけ合わせ」といっしょに盛りつけるといいよ。盛りつけにはいくつかポイントがあるから、30ページの「スクランブルエッグ」の盛りつけでおしえるね。

つけ合わせの選び方

＼できあがり！／

1 色のちがうものを選ぶ

スクランブルエッグが黄色だから、緑の野菜と赤いミニトマト、ベーコンを選んだよ。見た目がパッとはなやかになったね。

2 味や食感のちがうものを選ぶ

スクランブルエッグがとろとろでやさしい味だから、シャキシャキした野菜や、少ししょっぱいベーコンがいい組み合わせ。

盛りつけてみよう

※サラダ野菜は、水に5分ぐらいつけてシャキッとさせてから、ペーパータオルで水気をよくとっておく。

1 サラダ野菜を、お皿のおくにふんわりと盛りつける。

2 ベーコンを、くるっと巻いて、はじを少しかさねてのせる。おくが高くなって、かっこいい。

スクランブルエッグをつくるまえに、ここまでをうつわに準備しておくといい。

3 ミニトマトをのせる。赤い色が少し入ると、全体がひきしまる。

4 スクランブルエッグをつくり、手まえに盛りつける。ケチャップをそえて完成。

たいらに盛りつけるより、だんぜんおいしそうに見えるでしょ。それに、食べやすいよ。

レッツトライ！

フレンチドレッシングをつくってみよう

サラダには、好きなドレッシングをかけて食べたいね。お店にも、いろいろなドレッシングが売っているけれど、自分でつくることもできるよ。これは、どんなサラダにも合う基本の「フレンチドレッシング」。材料を混ぜるだけで、できあがり！

2人分の材料

サラダ油…大さじ4

★
- 白ワインビネガー…大さじ1
- 粒なしのマスタード…小さじ1
- 塩…少し
- コショウ…少し

※白ワインビネガーは、ぶどうからつくられる酢。なければふつうの酢を使ってもよい。

※すっぱい味がにがてなら、サラダ油の量を大さじ5にふやす。

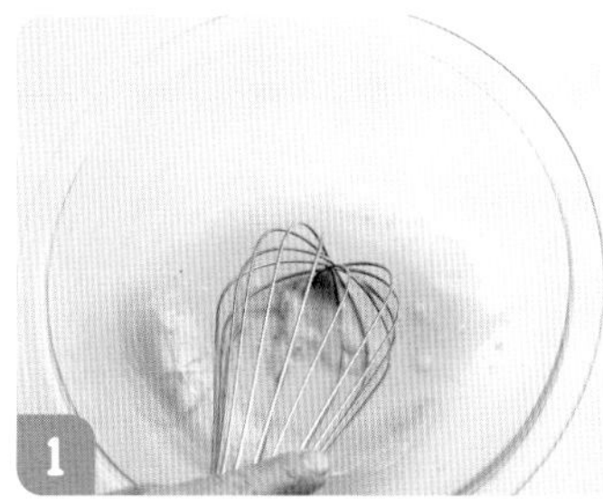

1 ボウルに、★の材料を入れて、泡立て器で混ぜ合わせる。

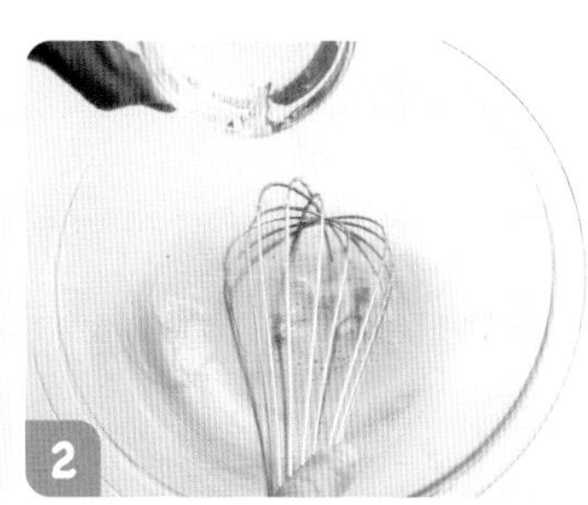

2 はじのほうからサラダ油を少しずつ入れながら、泡立て器でよく混ぜ合わせる。

＼できあがり！／

※できたドレッシングは、冷蔵庫で2週間ぐらいとっておける。

※できたドレッシングにしょうゆを加えたり、マヨネーズと混ぜ合わせたりして、ちがう味にすることもできる。

なるほど！豆ちしき

葉野菜をおいしくする方法

レタスやキャベツなど、生のまま食べる葉野菜をおいしくする方法は、とても簡単。葉っぱをちぎってボウルに入れて、たっぷりの水を加えて5分ぐらいつけておけばいい。これだけで、びっくりするくらい野菜がシャキシャキになるから、ためしてみてね。

大事なのは、水につけたあとに、きっちりとザルで水をきっておくこと。そうしないと、サラダが水っぽくなっちゃうからね。ザルできったあとに、ペーパータオルではさんで水気をとっておくと、なおいい。野菜用の水きり器があれば、それを使おう。

大事なのは小さめのフライパンを使って、
たまごは3こか4こでつくること。
フライパンは、くっつきにくい
加工がしてあるものを使ってね。

オムレツ

簡単そうに見えるけど、かなりハイレベルよ。
外側がきれいにかたまって、
中がとろとろのオムレツをめざして、挑戦してみてね！

つくり方（はじめにやっておくこと）

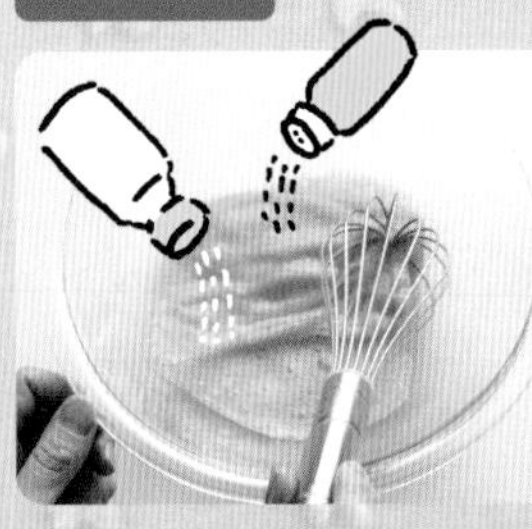

泡立て器を横に早くうごかして、
黄身と白身をしっかり混ぜ合わせてね。

たまごをわってボウルに入れ、泡立て器でよく混ぜ、塩とコショウをふる。

つくりやすい量の材料

たまご…3こか4こ
塩…少し
コショウ…少し
バター…10g
ケチャップ…好きな量

※小さめのフライパンを使う。ここでは直径19cmのものを使っている。

（フライパンでオムレツをつくる）

フライパンを強火にかけて、バターを入れる。バターが少し茶色くなってきたら、

混ぜたたまご液を入れる。

すぐにゴムベラをもち、早く混ぜながら焼く。

まだほとんどとろとろのうちに、フライパンにくっついたまわりの部分をゴムベラではがす。

手まえのたまごを$\frac{1}{3}$はがして、むこう側におってかぶせる。

これでたまごの両はじが上にきたね。

右手でフライパンの柄のはじをトントンとたたいて、たまごのむこうはじを上にもってくる。

ゴムベラで、たまごをむこうからくるんとうら返して、

手まえにもってくる。うつわに盛りつけ、ケチャップをかける。

たまごクイズ！

A、B、Cのどれが正解かな？

問題 1

からが白いたまごや、
茶色いたまごがあるのはなぜ？

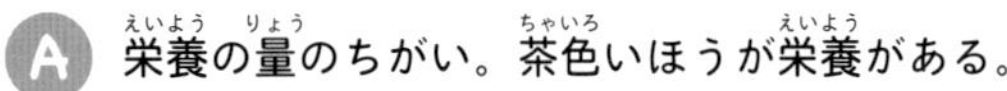
A 栄養の量のちがい。茶色いほうが栄養がある。

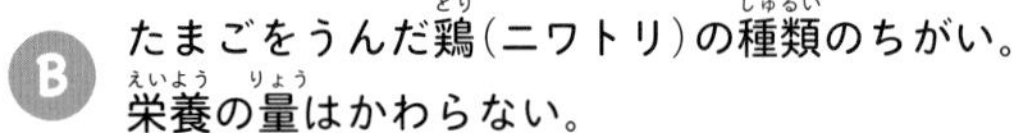
B たまごをうんだ鶏（ニワトリ）の種類のちがい。
栄養の量はかわらない。

問題 2

たまごの黄身の色が、
濃いものと薄いものがあるのはなぜ？

A 鶏が食べた、エサのちがい。

B 若い鶏がうんだたまごの黄身は、
薄い色になる。

問題 3

ポーチドエッグをつくるとき、
お湯に酢を入れるのはなぜ？

A 白身がかたまりやすくなるから。

B たまごに少し味がついて、おいしくなるから。

問題 4

半熟のゆでたまごをつくるには、
何分ゆでればいい？

A わいてから中火にして、3分ぐらい

B わいてから中火にして、7分ぐらい。

C わいてから中火にして、10分ぐらい。

問題 5

ゆでたまごのからを
きれいにむくには、どうすればいい？

A ゆでおわったら、少し熱いのを
がまんして、すぐにむく。

B ゆでおわったら、すぐに氷水につけて、
しっかり冷やしてからむく。

（正解）

問題 1：B 栄養の量は同じ。
問題 2：A たとえば、お米を食べさせて育てた鶏のたまごの黄身は、白っぽくなる。
問題 3：A 29ページを見てね。
問題 4：B 3分ぐらいだと、まだ黄身はとろとろ。10分ゆでると、黄身も完全にかたまった、かたゆでたまごになる。
問題 5：B ゆでたまごをきゅうに冷やすと、白身が少しだけちぢんで、
白身の外側にある「まく」との間に少しすきまができるから、むきやすくなるといわれる。

パスタ料理

スパゲッティやマカロニは、「パスタ」のなかま。日本でも人気があるね。ここでは、基本的な4つのパスタ料理をおぼえよう。これができるようになれば、パスタの種類や具をかえるだけで、料理がどんどんひろがるよ。

なるほど！豆ちしき

パスタってなあに？

「パスタ」は、小麦粉と水などをねってつくる、イタリアのめんのこと。
パスタは、イタリアからきた食べものなんだね。すごくたくさんの種類があって、おもしろいよ。なんだかおもちゃみたいだね。お店にいったら、さがしてみて。

乾燥パスタ

お店で売っているのは、乾燥したかたいパスタが多い。いろいろな形のものがあるけれど、大きく分けると、長い「ロングパスタ」と、短い「ショートパスタ」に分けられるんだ。みんなが好きなスパゲッティは、ロングパスタのなかまだよ。

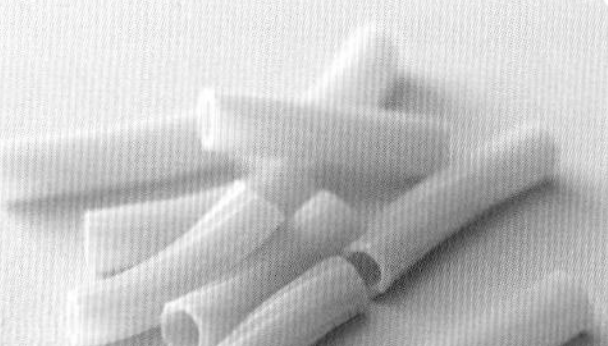

スパゲッティ

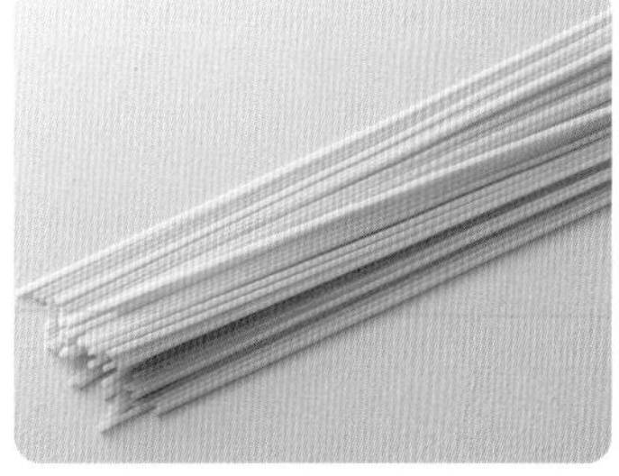

ひものように細長い。

マカロニ

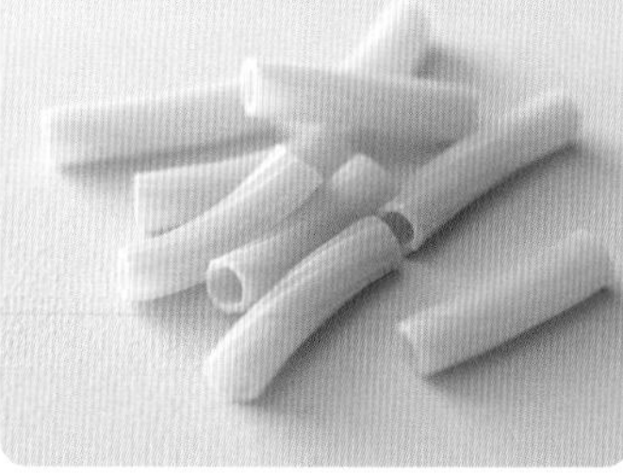

ショートパスタ全体をさす言葉として使われることもある。

リガトーニ

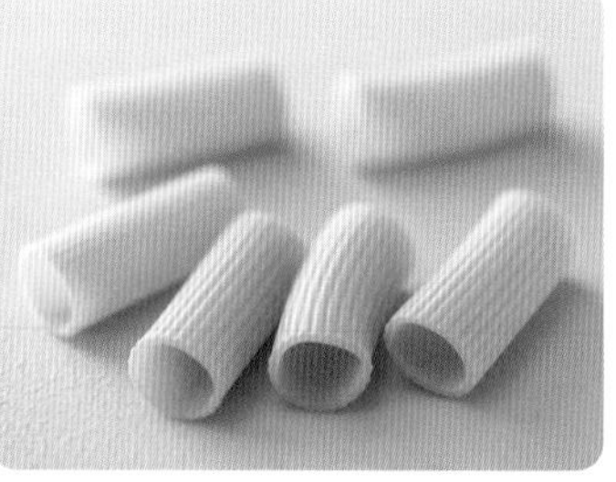

外側に細い線が入っている。

ペンネ

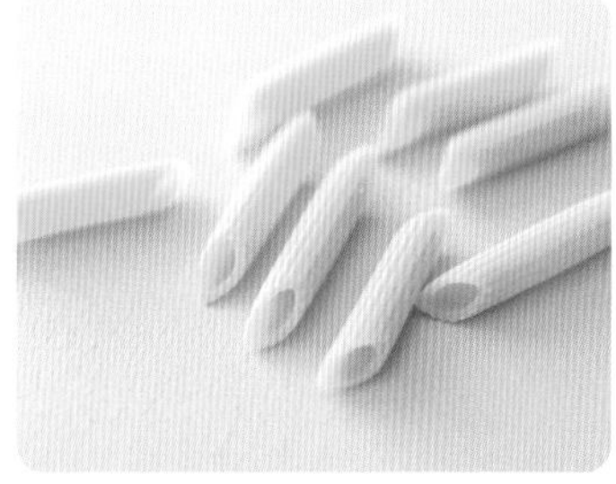

ペン先の形をしている。

コンキリエ

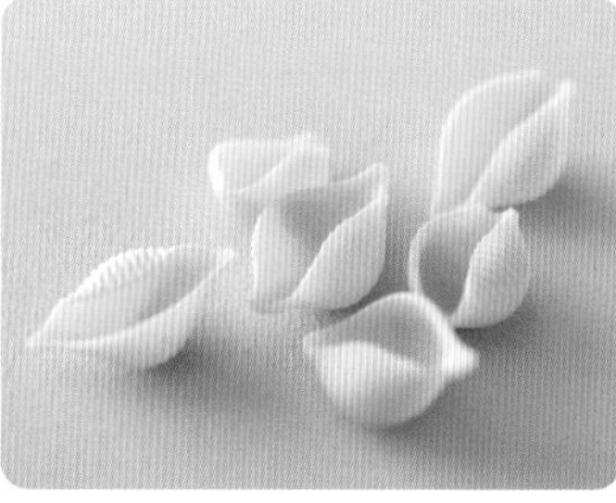

貝がらの形をしている。

ファルファッレ

ちょうちょの形をしている。

フジッリ

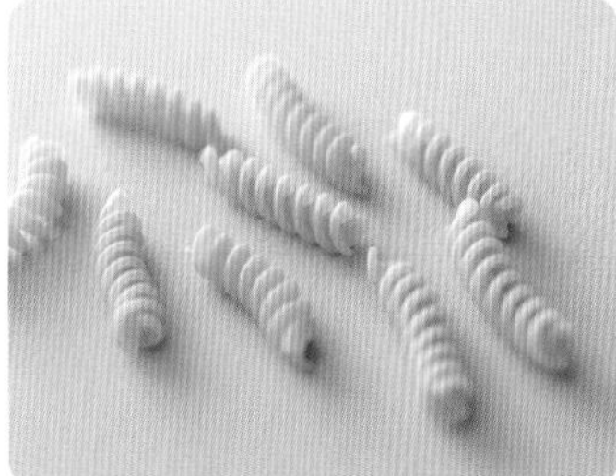

ドリルの先のような形をしている。

色つきフジッリ

トマトやホウレン草を加えてつくった、色つきのフジッリ。

この本にのっているパスタ料理は、どのパスタでつくってもいいんだって！

47ページでは、家でつくれる手うちパスタのつくり方もおしえてもらえるよ！

生パスタ

このほかに、乾燥させていないパスタもあって、こちらは「生パスタ」とよばれるよ。お店でも売っているけれど、イタリア料理レストランのシェフたちは、自分でつくる。家でつくることもできるよ。手でこねてつくるから、「手うちパスタ」ともいうね。

左／幅1cmぐらいの、リボンのような「フェトゥチーネ」というパスタ。　右／47ページの手うちパスタ。

なるほど！豆ちしき

オリーブオイルって、どんなオイル？

「オイル」は油のことだね。だから、オリーブオイルはもちろんオリーブの油。オリーブは木の名前だよ。オリーブの木になる実をつぶしてペーストにして、これをしぼった汁からとった油がオリーブオイル。スペインやイタリア、ギリシャなどで多くつくられている。つくられる場所によって、味や香りが少しずつちがうから、料理によって、何種類かを使い分けているシェフたちもいるよ。

しめじとベーコンのスパゲッティ

ベーコンとしめじがあれば、おいしいスパゲッティがパパッとつくれるぞ。
おなかがペコペコのときにもたすかるね。

2人分の材料

しめじ…$\frac{2}{3}$パック
厚切りベーコン
…2枚（←100gぐらい）
にんにく…$\frac{1}{2}$つぶ
サラダ油…小さじ1
具を炒めるときの塩…小さじ$\frac{1}{6}$
オリーブオイル…大さじ1
スパゲッティ…100g
スパゲッティをゆでるときの塩…10g

ソースをとちゅうまでつくっておいてから、
スパゲッティをゆではじめると、
あわてなくていいよ。

つくり方（はじめにやっておくこと）

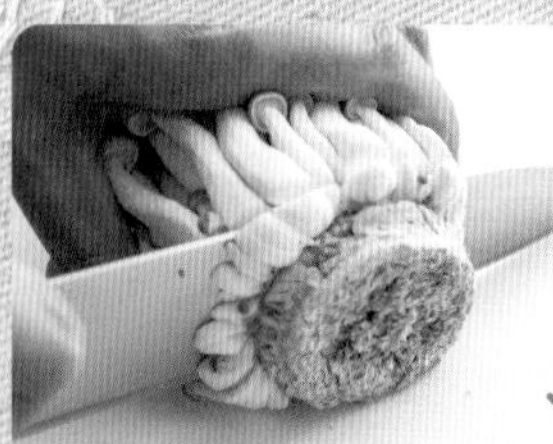

しめじは下のかたい部分を切りおとす。

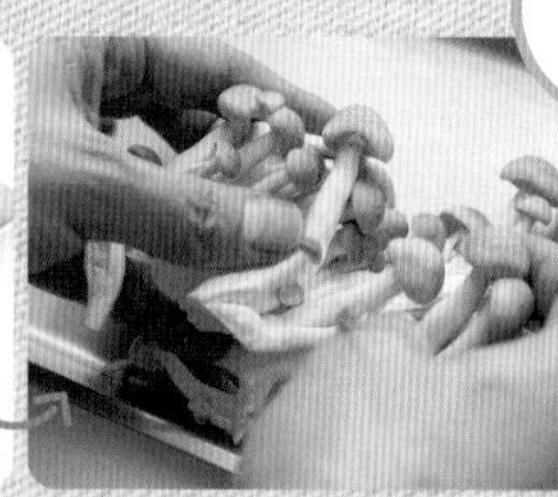

ほぐしておく。

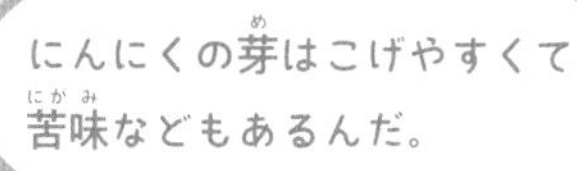

にんにくは、中心の芽をとり、薄切りにする。

ベーコンは、横に1cm幅に切る。

（具を炒める）

フライパンにサラダ油を小さじ1入れ、ベーコンを入れる。中火にかけて炒める。

ベーコンがこうばしく焼けたら、しめじを入れ、塩小さじ$\frac{1}{6}$を入れて炒める。

フライパンをかたむけ、たまった油ににんにくを入れる。にんにくが少し色づいたら火を消す。

（スパゲッティをゆでて、具と合わせる）

鍋に水1ℓを入れてわかし、塩を10g入れる。スパゲッティを入れてゆでる。

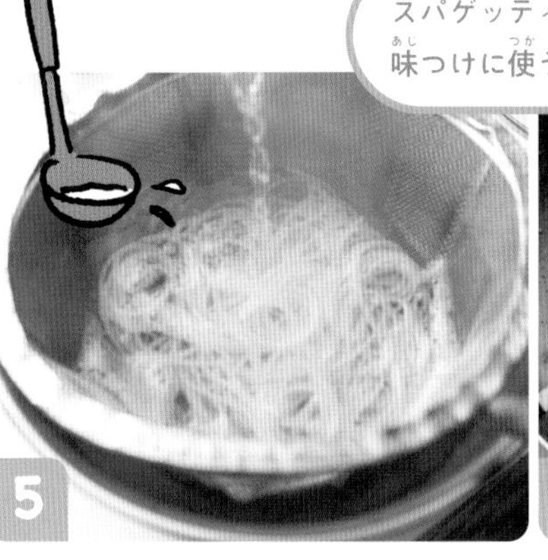

ゆでたお湯を、お玉で2はい分ぐらいすくい、とっておく。のこりはザルにあけて水気をきる。

3のフライパンを、また中火にかける。5でとっておいたお湯を、好きな量加える。

水分が少し残っているくらいまで火にかけたら、オリーブオイル大さじ1を加えて混ぜる。

5のスパゲッティを入れてよく混ぜる。うつわに盛りつける。

あさりのスパゲッティ

あさりから出るおいしい味を、スパゲッティにしっかりからめよう。からいのがにがてなら、とうがらしは入れなくてもいいよ。

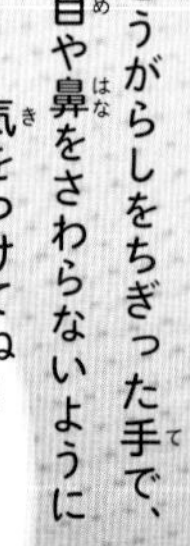

とうがらしをちぎった手で、目や鼻をさわらないように気をつけてね！

2人分の材料

からつきのあさり …200g（←10から12こ）
にんにく…$\frac{1}{4}$つぶ
ミニトマト…3こ
イタリアンパセリ…好きな量
とうがらし…ほんの少し
最初に入れるオリーブオイル …大さじ2
最後に入れるオリーブオイル …大さじ1
スパゲッティ…100g
塩…10g

※イタリアンパセリは、ふつうのパセリよりやさしい味のパセリ。

イタリアンパセリ

つくり方（はじめにやっておくこと）

あさりはかさねないように。水の量はあさりが半分つかるくらい。

あさりはまえの晩から、海水ぐらいのしょっぱさの塩水につけ、砂ぬきする。

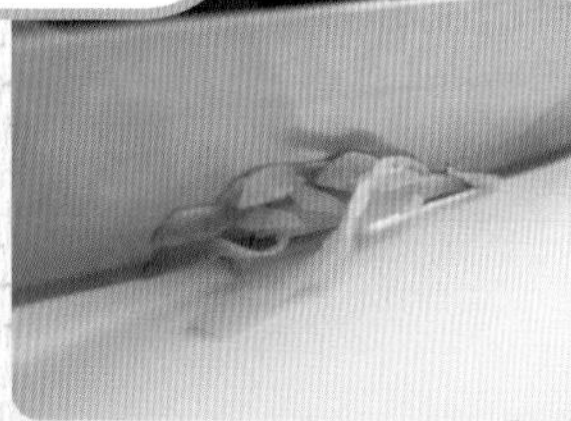

にんにくは、中心の芽をとり、薄切りにする。

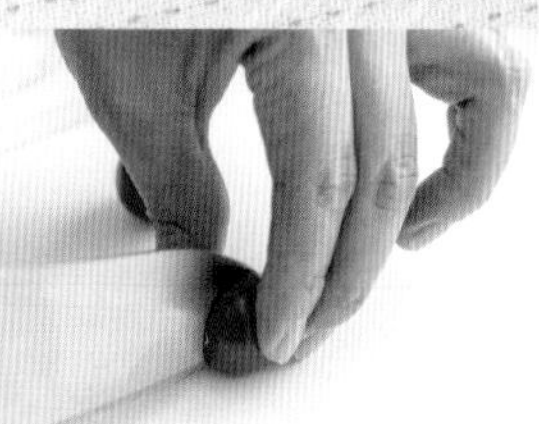

ミニトマトはヘタをとって、たて半分に切る。

イタリアンパセリは、あらいみじん切りにする。

（具とソースをつくる）

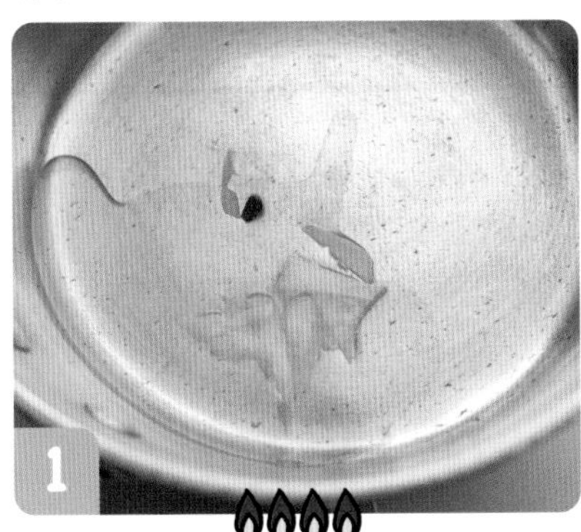

鍋にオリーブオイル大さじ2とにんにく、とうがらしを入れる。鍋をかたむけ中火にかける。

にんにくに少し色がついて、いい香りがしてきたら、

あさりを水で洗って入れる。水を50mℓ入れる。

ふたをして、強火に1分かける。

あさりのからがあいたら、ミニトマトを入れる。少し水分をじょうはつさせてから、火を消す。

（スパゲッティをゆでて、ソースと合わせる）

別の鍋に、水1ℓを入れてわかし、塩を10g入れる。スパゲッティを入れてゆでる。

ゆでたお湯を、お玉で2はい分ぐらいすくい、とっておく。のこりはザルにあけて水気をきる。

5の鍋を、また火にかけて温める。7のスパゲッティを入れて混ぜる。

7でとっておいたお湯、オリーブオイル、イタリアンパセリを加えて混ぜる。うつわに盛る。

ミートソーススパゲッティ

野菜や缶詰のトマトをたっぷり使った、
さっぱりとしたミートソースだよ。
スパゲッティにかけても、いっしょに炒めてもOK。

2人分の材料

スパゲッティ…100g
塩…10g
バター…10g

つくりやすい量のミートソースの材料

- 牛と豚の合びき肉…270g
- 玉ねぎ…130g
- にんじん…130g
- セロリ…60g
- サラダ油…大さじ1
- 缶詰のトマトホール…400g
- ローリエ…1枚
- 塩…小さじ2

※ミートソースは、2人分より多くできる。のこったら冷蔵庫や冷凍庫でとっておける。
※牛と豚の合びき肉は、牛肉と豚肉を合わせたひき肉のこと。

トマトホール

ローリエ

野菜のみじん切りは、少しぐらい形や大きさがそろっていなくてもだいじょうぶ！

つくり方（はじめにやっておくこと）

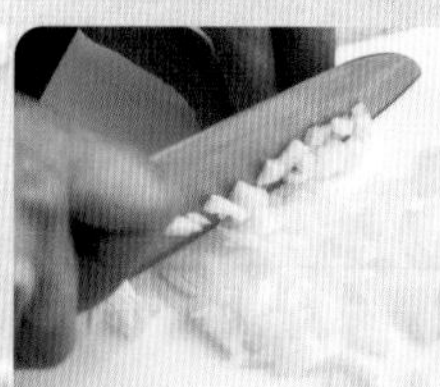

玉ねぎは、薄切りにしてからみじん切りにする。

にんじんはたてに薄切りにしてから、細切りにして、みじん切りにする。

セロリはたてに薄切りにしてから、細切りにして、みじん切りにする。

（ミートソースをつくる）

1

鍋にサラダ油を大さじ1入れて、玉ねぎ、にんじん、セロリを入れる。弱火で5分炒める。

2

1の野菜がしんなりしたら、合びき肉を入れて、ヘラなどでほぐしながら炒める。

3

じっくり炒めて水分が少なくなってきたら、トマトホールを加えてつぶしながら混ぜる。

とちゅうで水分が少なくなってきたら、ヘラで底を混ぜるよ。

水分が少なくなると、炒める音が、ジャッジャッという音にかわってくるよ。

4

あいたトマトホールの缶に、水をふちまで入れる。缶にのこったトマトごと、全部3に入れる。

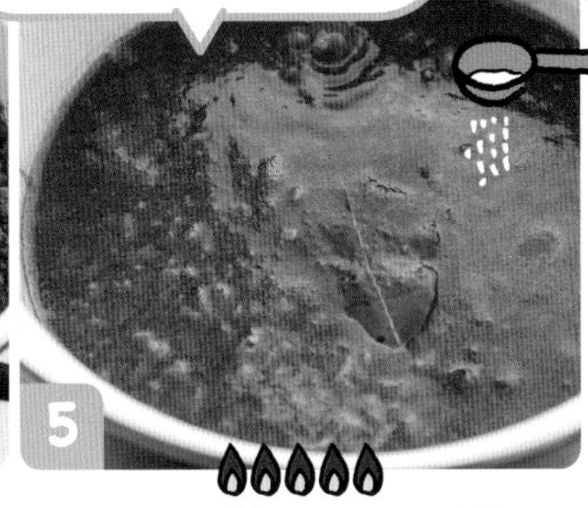

5

ローリエと塩を入れて、強火にする。わいたら弱火にし、ふたをしないで30分から40分煮る。

6

できあがったら、火からおろしておく。

（スパゲッティをゆでて、ソースをかける）

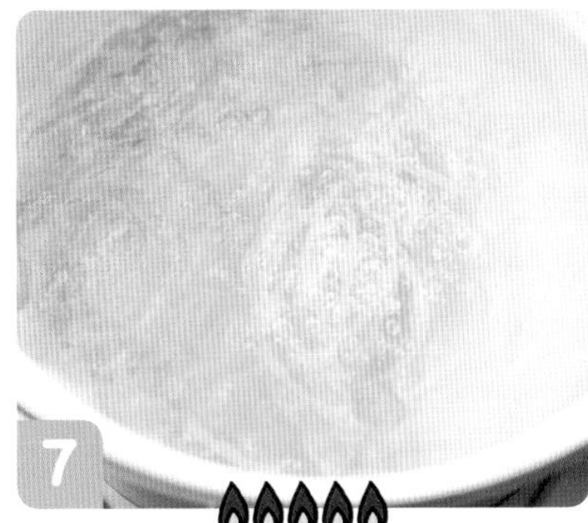

7

別の鍋に、水1ℓを入れてわかし、塩を10g入れる。スパゲッティを入れてゆでる。

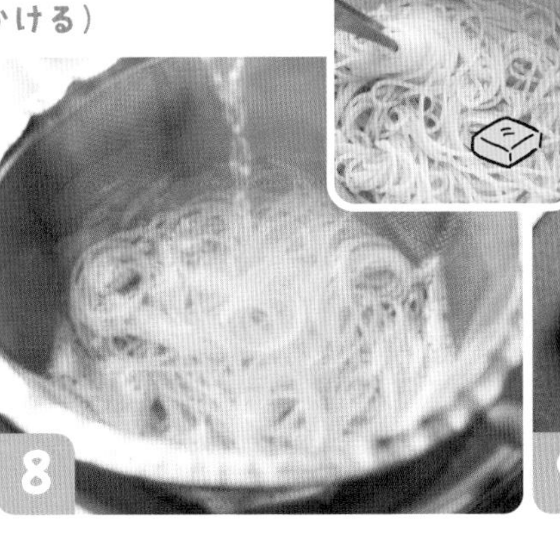

8

ザルにあけて、水気をきる。からになった鍋にスパゲッティをもどし、バターを入れて混ぜる。

好みで粉チーズをかけてもOK。

9

8のスパゲッティをうつわに盛りつける。6のミートソースを温めて、好きな量かける。

トマトソースパスタ

粉と水をねってつくる手うちパスタは、
もちもちして、スパゲッティとはまたちがったおいしさだよ。
ソースは簡単なトマトソースで。

2人分の材料

手うちパスタの材料

- ★ うどん粉…100g
- ★ 塩…ひとつまみ
- ★ 水…50mℓ
- 台にふるうどん粉…好きな量

トマトソースの材料

- 缶詰のあらごしトマト…100g
- 薄皮つきのにんにく…1つぶ
- オリーブオイル…大さじ1
- 塩…ひとつまみ

パスタをゆでるときの塩…10g
バジリコ…好きな量

あらごしトマト

※うどん粉は、うどんの材料になる小麦粉。「中力粉」ともいう。
※バジリコは、使わなくてもよい。

手うちパスタのかわりに、
ふつうのスパゲッティでつくるときは、
48ページの10からスタートしてね。

けっこうちからがいるよ。
手に体重をのせてねろう。
両手を使ってもOK。

1 ボウルに★の材料を入れて、よく混ぜ合わせて、ひとまとめにする。

2 たいらな台に、生地がくっつかないようにうどん粉を少しふって、1をボウルからとり出す。

3 手のひらの下の部分で生地をおしてのばしたり、まとめたりをくり返し、5分から10分ねる。

この間に、次のページのトマトソースをつくっておくといいよ。

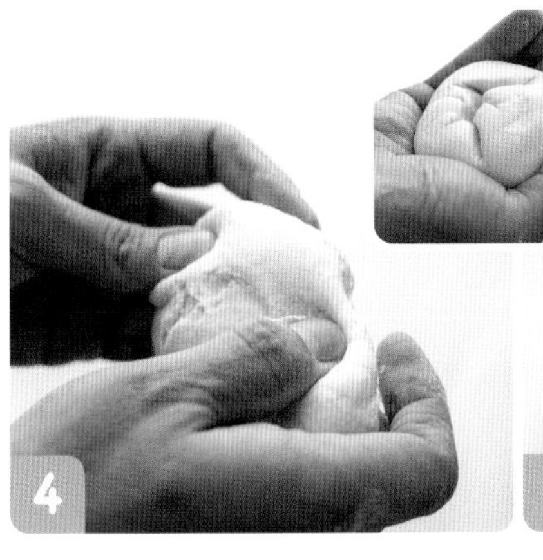

（手うちパスタをつくる）

4 生地を手で少しのばして、外側の生地を、うら側のまん中にあつめるようにして、丸くする。

5 4をラップでつつんで、へやの中に30分くらいおいておく。

6 5をラップからとり出して、まな板の上におく。手でおして少しつぶす。

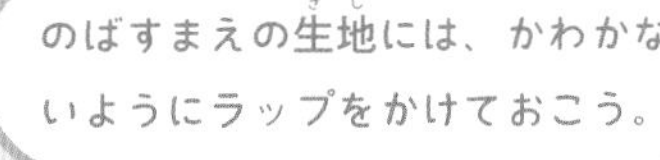

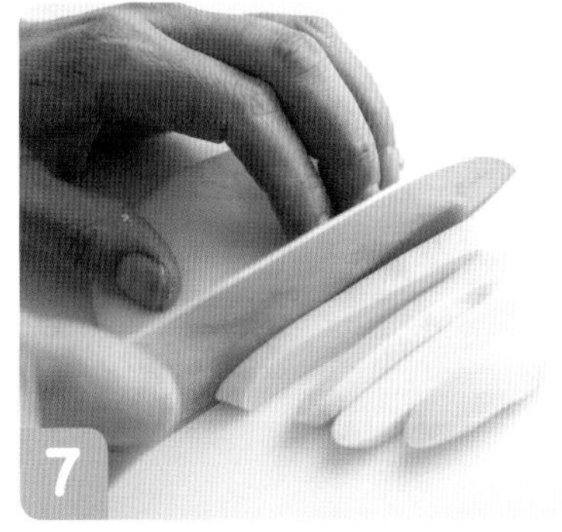

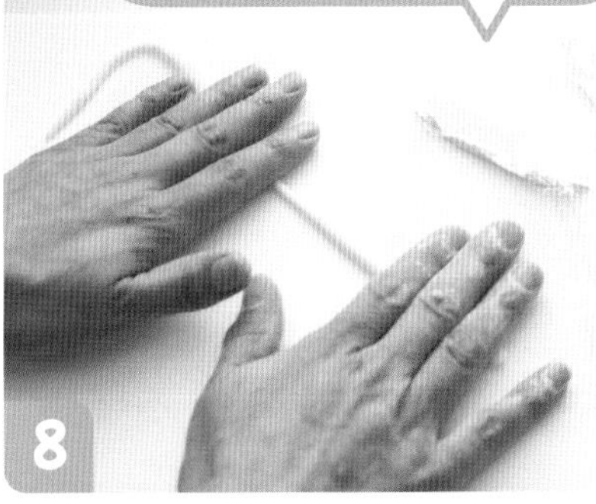

7 包丁で、1cm幅に切る。

8 切った生地を台におき、全体にうどん粉を少しふる。1本ずつ両手でころがして、細くのばす。

9 できあがり。太さや長さがばらばらでもよい。かさねないで、うどん粉を少しまぶしておく。

つぎのページにつづく ≫

»

（トマトソースをつくる）

こうすると、にんにくの味や香りが出やすくなるよ。

鍋にオリーブオイルとにんにくを入れてから、弱火で温めはじめることで、味と香りが出るんだよ。

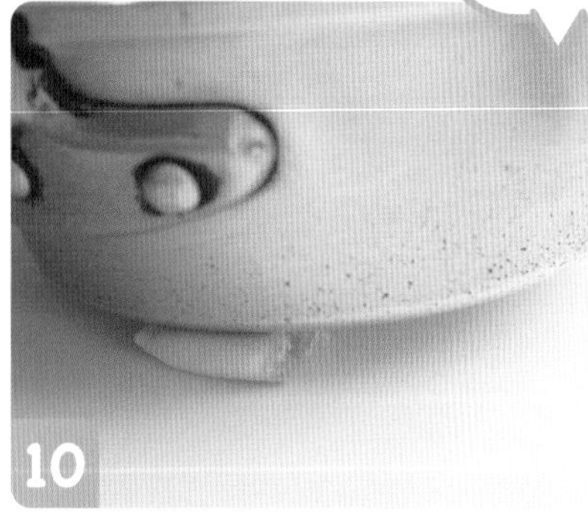

10

薄皮つきのにんにく１つぶをまな板において、鍋の底などをおしつけてつぶす。

11

鍋にオリーブオイル大さじ１と、10を入れる。鍋をかたむけてオイルを片側にため、弱火にかける。

12

にんにくのいい香りが出てきたら、あらごしトマト100gと塩を入れて混ぜる。火を消しておく。

（パスタをゆでて、ソースと合わせる）

13

別の鍋に、水１ℓを入れてわかし、塩を10g入れる。9のパスタを入れて、5分ぐらいゆでる。

さいばしで1本つまみ出して、かたさをたしかめるといいよ。

14

ゆでたお湯を、お玉で2はい分ぐらいすくい、とっておく。のこりはザルにあけて水気をきる。

このお湯も、味つけに使うんだ。

15

12の鍋を、また火にかける。にんにくをとり出して、14でとっておいたお湯を好きな量入れる。

16

14のパスタを入れる。

17

混ぜながら、パスタにトマトソースをからめる。うつわに盛りつけて、バジリコをのせる。

好みで粉チーズをかけてもOK。

スープとサラダ

パンやパスタを食べるときに、もう1つ、なにかほしいと思ったら、スープやサラダをそえるといいよ。野菜もたっぷりとれるから、食事全体のバランスもよくなる。ここで紹介したサラダはお米にも合うから、ごはんやみそ汁といっしょにテーブルにならべてもいいよ。

かぼちゃはかたくて皮がむきにくいけど、電子レンジでやわらかくしてからむくと簡単！

かぼちゃのポタージュ

とろみのあるスープのことを「ポタージュ」っていうね。
これはかぼちゃのやさしい甘みがおいしい、きれいな色のポタージュ。
ミキサーを使わなくても、つくれるのよ。

2人分の材料

かぼちゃ…$\frac{1}{4}$こ
牛乳…400mℓ
コンソメキューブ…$\frac{1}{4}$こ
バター…10g
塩…好きな量
コショウ…好きな量
クルトン…好きな量

※ずっしりと重い、甘いかぼちゃでつくるとおいしい。
※クルトンのかわりに、パセリのみじん切りをちらしてもよい。

クルトン

つくり方（はじめにやっておくこと）

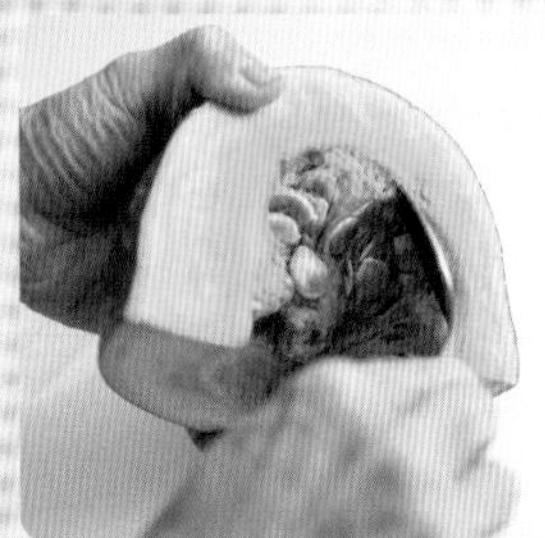
かぼちゃの種とワタをスプーンでとり、全体に水をつけ、ラップでつつむ。

電子レンジに8分ぐらいかけて、完全にやわらかくする。

（かぼちゃをつぶす）

熱いから気をつけてね。

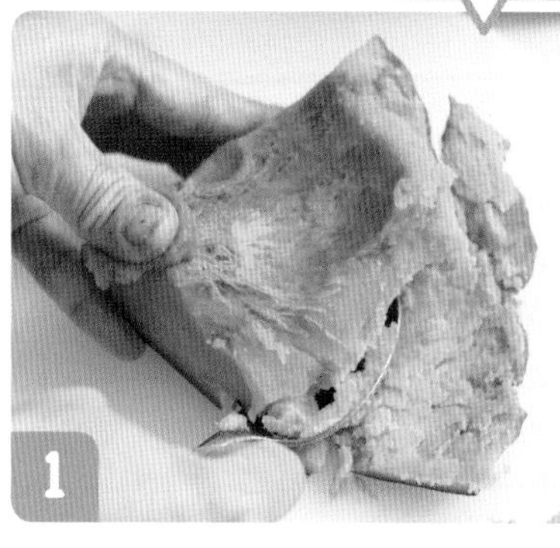

やわらかくしたかぼちゃの皮を、スプーンではずす。

かぼちゃの実の部分を260g鍋に入れて、フォークでつぶす。

あらくつぶしたら、今度はゴムベラでなめらかになるまですりつぶす。

（ポタージュをつくる）

牛乳を少しずつ入れながら、

少しずつ混ぜないと、
きれいに混ざらないよ。

5

ゴムベラでよく混ぜる。

牛乳の量は、かえてもだいじょうぶ。
好きな濃さにしてね。

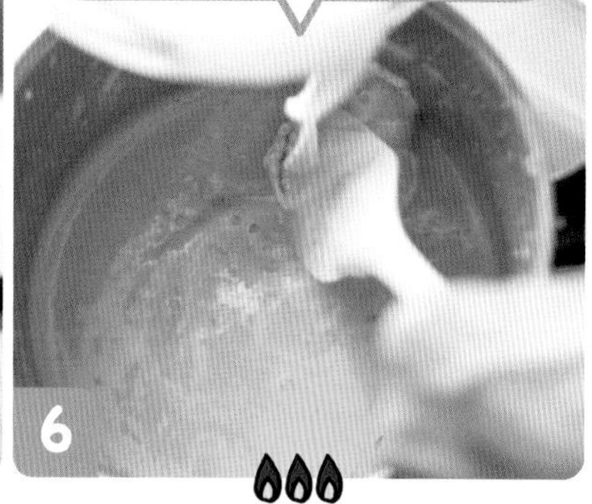

牛乳を半分ぐらい入れおわったら、弱火にかけて、のこりの牛乳を入れながら混ぜる。

泡立て器でよく混ぜる。

コンソメキューブをゆびでつぶしながら入れて混ぜる。

バターを入れてとかし、塩とコショウで味をつける。2つのうつわに入れ、クルトンをのせる。

ミネストローネ

イタリアの野菜スープだよ。
いろいろな野菜やベーコンから、びっくりするくらいにおいしい味が出るから、使う調味料は塩だけ！

野菜はきれいな四角じゃなくてもだいじょうぶ。ほかにも好きな野菜があったら、いろいろ入れてみてもいいよ。

4人分の材料

じゃがいも…1こ
にんじん…65g
玉ねぎ…100g
セロリ…30g
キャベツ…30g
ミニトマト…5こ
厚切りベーコン…1枚（←50g）
サラダ油…大さじ1
ローリエ…1枚
水…400mℓ
塩…小さじ1

つくり方 （材料を切る）

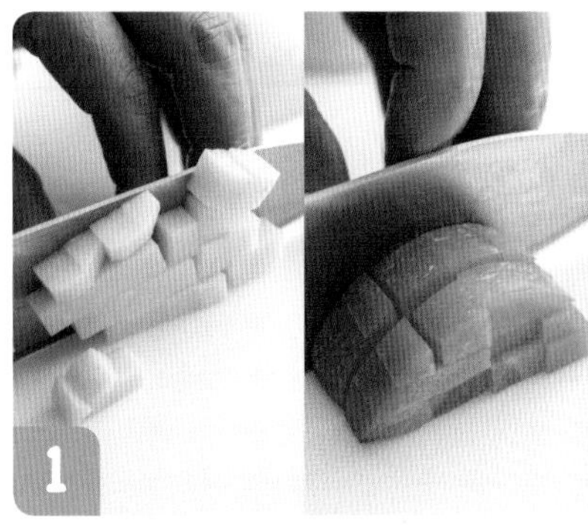

にんじんとじゃがいもは、1cm角に切る。1cm角は、たて、横、高さが全部1cmぐらい。

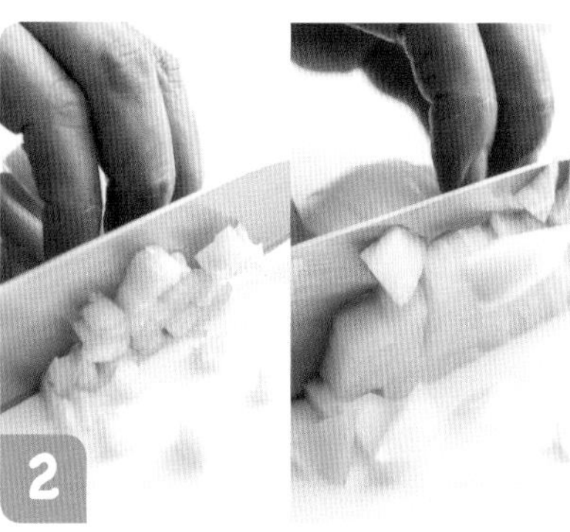

玉ねぎとセロリは、たてに1cm厚さに切ってから、1と同じくらいに切る。

キャベツも1と同じくらいの四角に切る。ミニトマトはヘタをとって、たて4等分に切る。

ベーコンは、1cm幅に切る。

鍋にサラダ油を入れてベーコンを入れ、弱火にかけて炒める。

ベーコンがこうばしく焼けたら、ミニトマト以外の野菜を入れて、中火で少し炒める。

6のキャベツがしんなりしたら、水400mℓ、塩、ミニトマト、ローリエを入れ、火を強火にする。

わいたらふたをして、弱火にして30分煮る。

好みで、粉チーズやオリーブオイルをかけてもおいしい。

できあがり。それぞれのうつわに盛りつける。

できあがったドレッシングは、冷蔵庫に入れておけば、1週間ぐらいとっておけるよ。

野菜サラダ 自家製ドレッシング

このドレッシングは、どんな野菜ともあいしょうがいいよ。たくさんつくって、いろいろな野菜にかけて食べてみよう。

2人分の材料

レタス…3枚
きゅうり…1/2本
かいわれ菜…1/3パック
トマト…1/2こ

ドレッシングの材料

★
- 玉ねぎ…100g
- にんじん…100g
- だいこん…100g
- トマト…100g

◆
- サラダ油…200㎖
- 酢…200㎖
- 薄口しょうゆ…100㎖
- 黒コショウ…小さじ1/2
- さとう…大さじ2
- はちみつ…大さじ1

※ドレッシングの材料はつくりやすい分量なので、2人分より多くできる。多ければ、全部の材料を半分にしてつくってもよい。

つくり方（はじめにやっておくこと：ドレッシングをつくる）

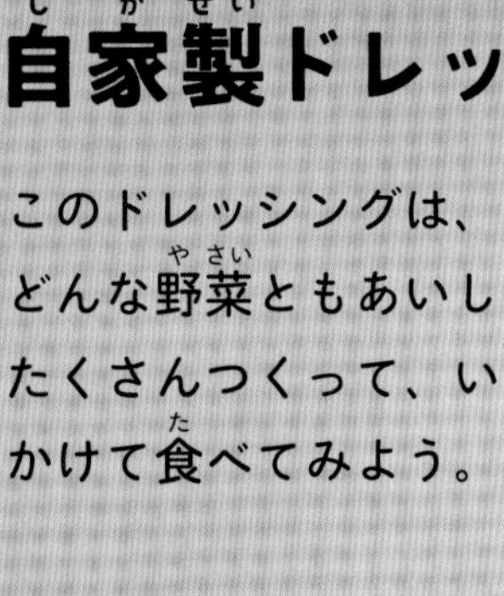

★のトマト以外の野菜は皮をむく。★の野菜を、すべて適当な大きさに切る。

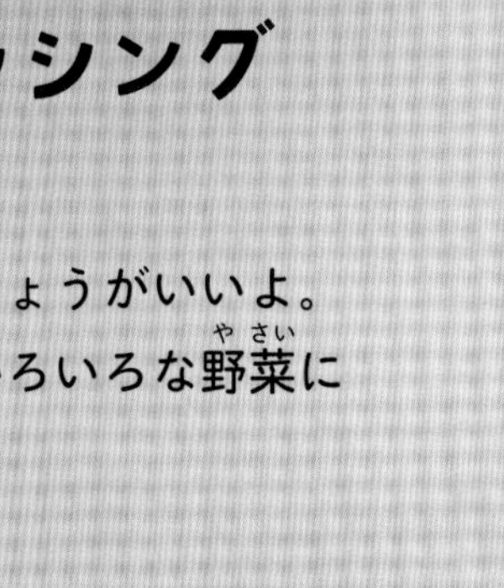

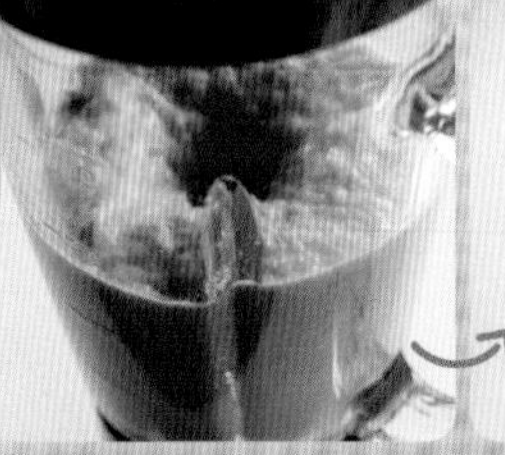

★の野菜を全部合わせて、ミキサーにかける。

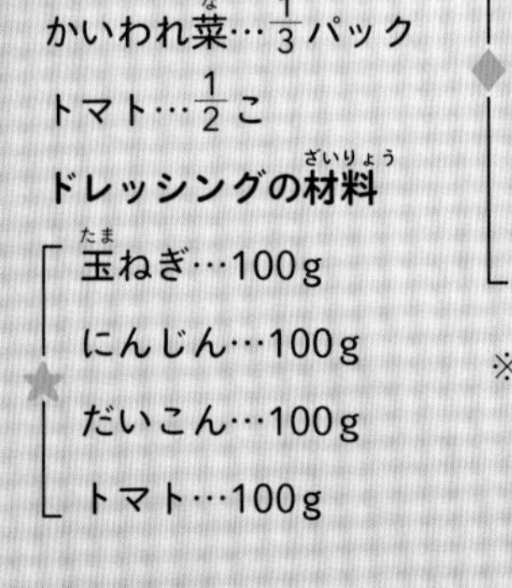

◆を加えて、またミキサーにかける。

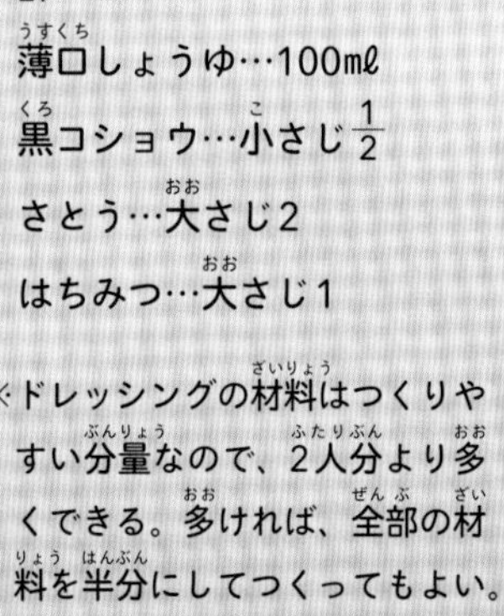

できあがったドレッシング。冷蔵庫に入れておく。

(サラダをつくる)

レタスは、食べやすい大きさに手でちぎる。

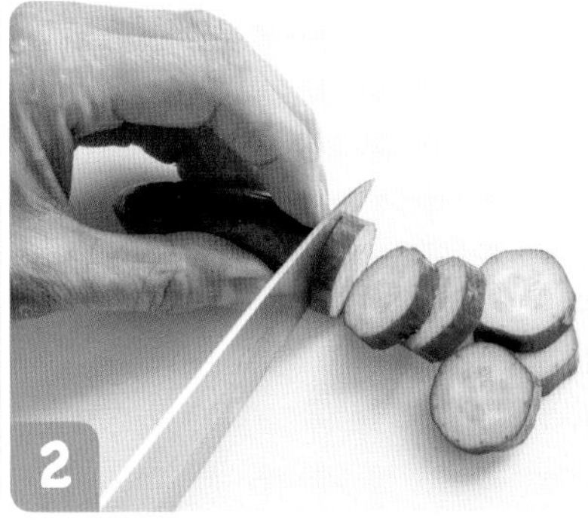

きゅうりは、5mm幅の輪切りにする。

かいわれ菜は、スポンジの部分を切りおとし、半分に切る。

レタス、きゅうり、かいわれ菜は、合わせて水につけて5分くらいおき、パリッとさせる。

4をザルにあけて、水気をしっかりきる。

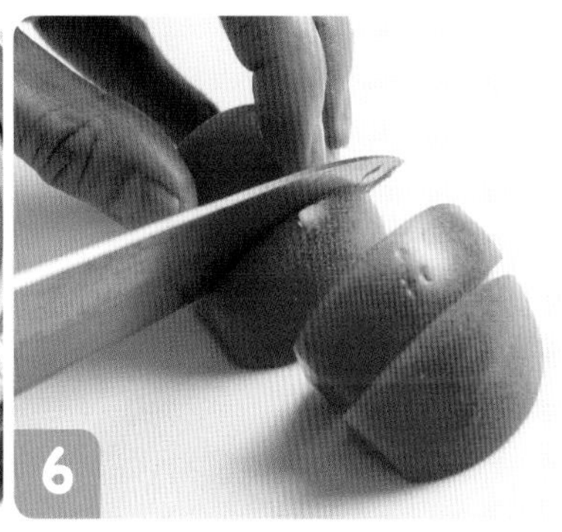

トマトはくし形切りにする。切り方は12ページを見る。

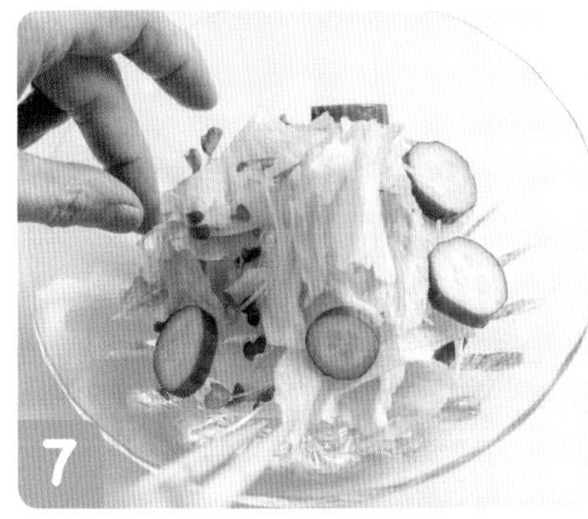

うつわに5の野菜を盛りつける。

6のトマトも盛りつけて、ドレッシングを好きな量かける。

じゃがいもが熱いうちに、
酢を加えて混ぜ合わせると、
味がしみこんでおいしくなるわよ。

ポテトサラダ

ごはんにもパンにも合う、
人気のサラダ。パンにはさんで、
サンドイッチにしてもおいしい。

つくりやすい量の材料

じゃがいも…2こ	マヨネーズ…大さじ3
きゅうり…1本	酢…大さじ1
玉ねぎ…$\frac{1}{4}$こ	塩…好きな量
ロースハム…2枚	コショウ…少し

※サラダにするときのじゃがいもは、
「男爵」という種類がおすすめ。

つくり方 （はじめにやっておくこと）

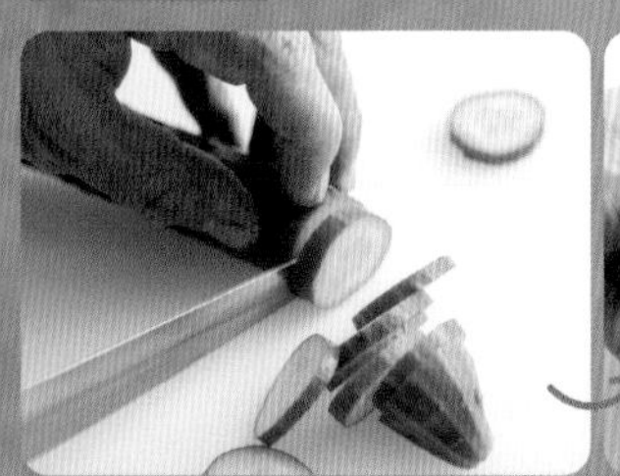

きゅうりは、3mmくらいの厚さの輪切りにする。

ボウルに入れて、塩を少しふってもむ。

玉ねぎは、たてに薄切りにする。

ボウルに入れて、塩を少しふってもむ。

（具をつくる）

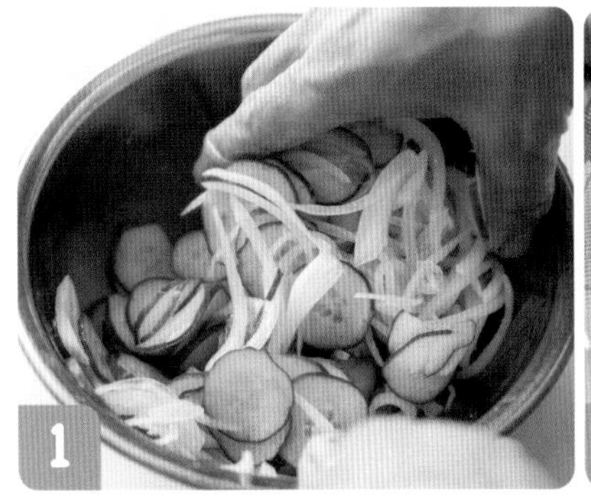

塩をふったきゅうりと玉ねぎを合わせて、5分おいておく。

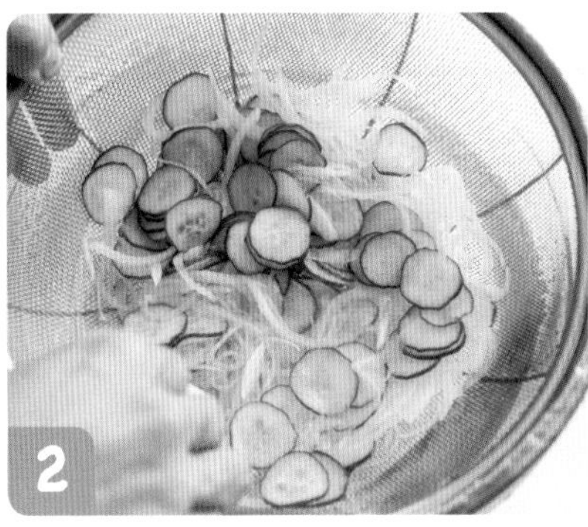

1をザルに入れて水で洗い、水気をしっかりきる。

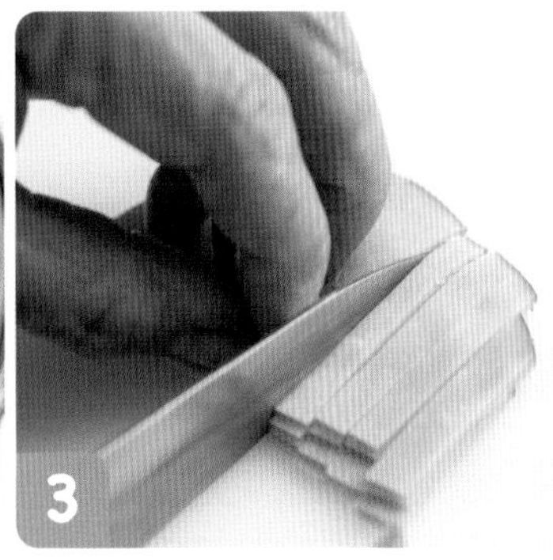

ハムは半分に切り、かさねて1cm幅に切る。

（じゃがいもをゆでる）

じゃがいもは皮をむき、たて半分に切ってから、1cm厚さの半月切りにする。

じゃがいもに竹ぐしをさしてみて、スッと入るくらいになったらOK。

鍋に入れ、かぶるくらいの水と、塩を大さじ1入れて火にかける。中火で14分ぐらいゆでる。

ゆであがったじゃがいもをザルにあげて水気をきり、ボウルに移す。

（ポテトサラダをつくる）

熱いうちに酢をかけて、

フォークなどであらくつぶしながら、混ぜ合わせる。

塩とコショウは入れすぎないようにね。味見をしてたしかめるといいわよ。

じゃがいもがまだ温かいうちに、2と3、マヨネーズを入れて混ぜ、塩とコショウで味つける。

レッツトライ！

マヨネーズをつくってみよう

自分でつくったマヨネーズは、とてもおいしいからためしてみて。

まずはじめに、サラダ油以外の材料を混ぜてから、サラダ油を少しずつ入れてよく混ぜる。サラダ油をいっぺんに入れちゃうと、うまく混ざらないから気をつけてね。

混ぜているうちに、だんだんマヨネーズっぽく変化してくるところがおもしろいよ。

つくりやすい量の材料

たまご…1こ

★ 粒なしのマスタード…大さじ1
白ワインビネガー…小さじ2
塩…2g（←小さじ$\frac{1}{3}$ぐらい）

サラダ油…200mℓ

※たまごは、黄身だけを使う。

＼できあがり！／

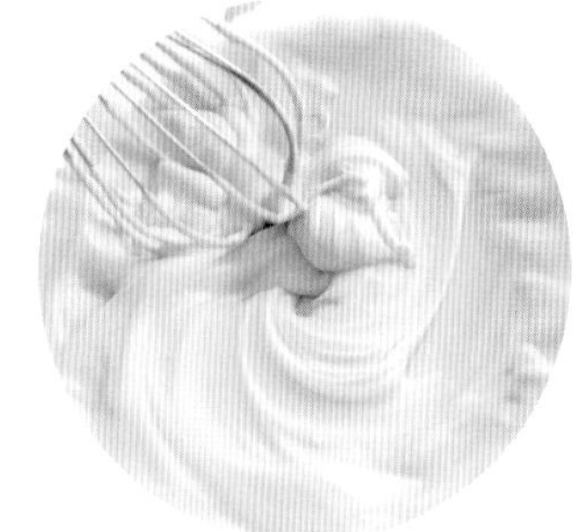

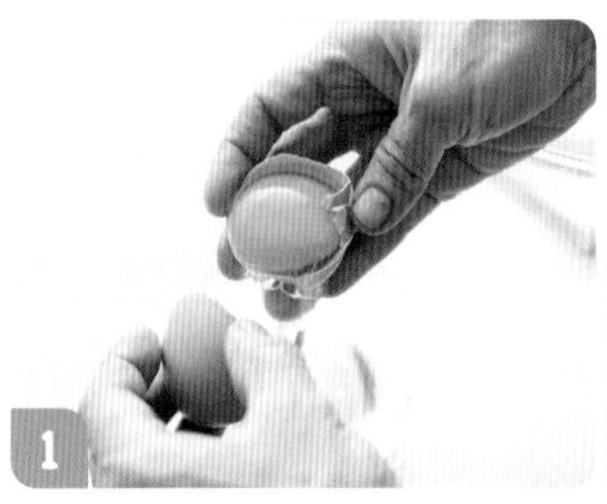

1 たまごをわって、からのふちや手を使って白身をおとしながら、黄身だけをとり出す。

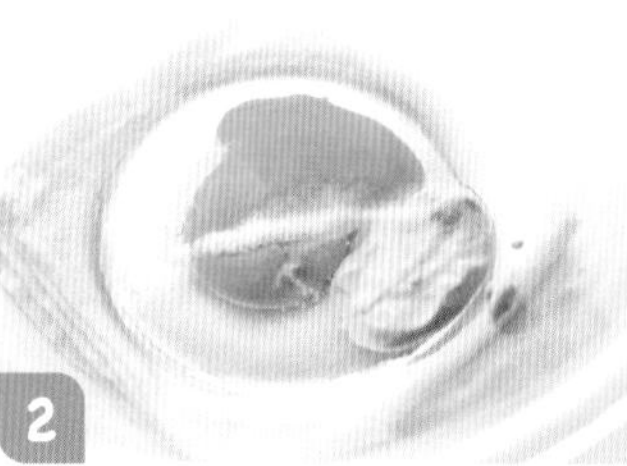

2 少し大きめのボウルに、★の材料と1の黄身を入れる。

3 泡立て器でよく混ぜ合わせる。

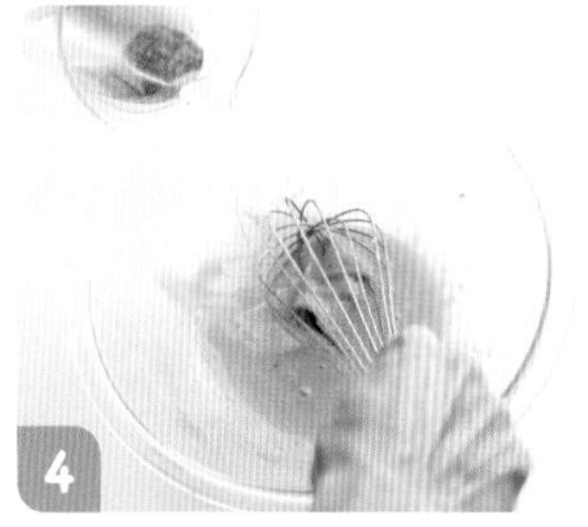

4 3のボウルのはじに、サラダ油を少し入れて、泡立て器を早くうごかしてよく混ぜる。

ボウルをほかの人におさえてもらったり、ボウルの下に、ぬらしたタオルをしいておくと、やりやすい。

5 また少しサラダ油をはじから入れて、泡立て器でよく混ぜる。これを何回かくり返す。

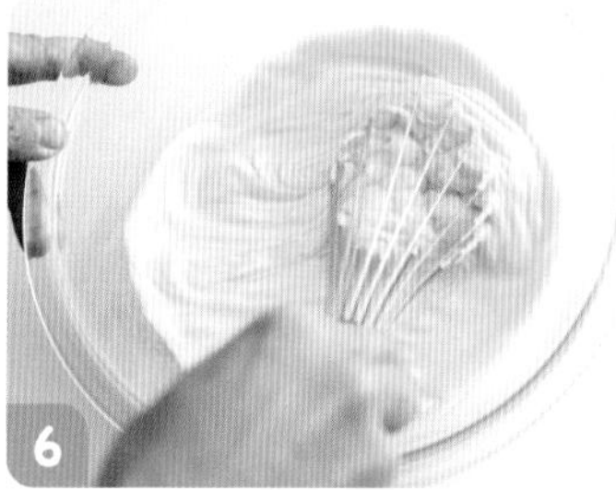

6 だんだん白っぽくなってくる。サラダ油を、全部入れて混ぜおわったらできあがり。

レストランで食べるみたいな、あの料理

レストランのメニューにのっている料理は、どれもみんなおいしそうだね。あんな料理が自分でつくれたらって考えると、わくわくするんじゃないかな？ お家でもつくりやすいようにくふうしたから、つくってみてね。

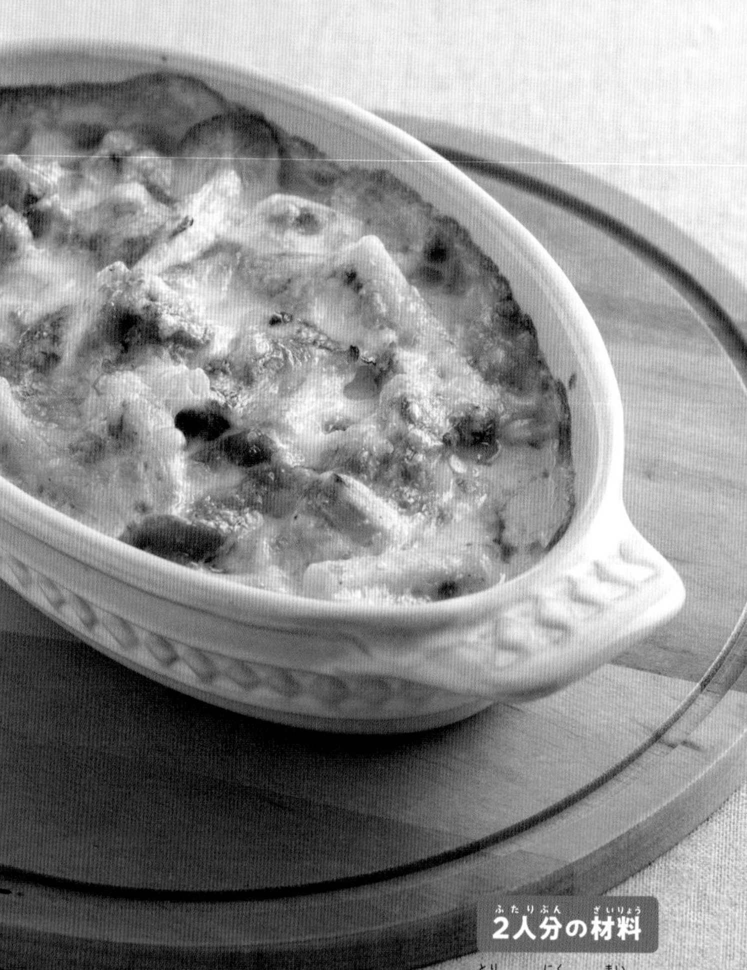

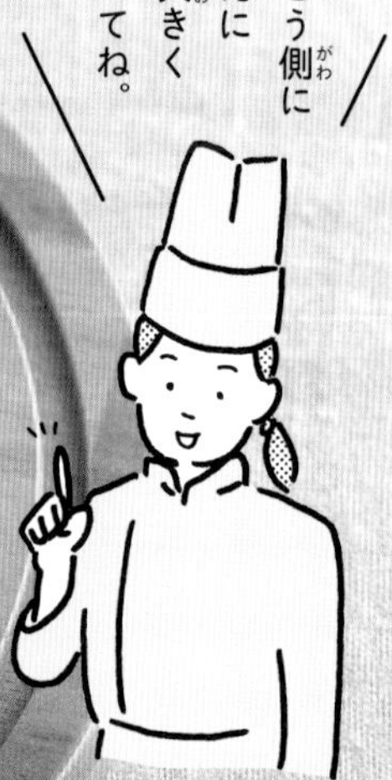

鶏肉は、包丁をむこう側に
おしたり手まえに
ひいたりして、大きく
うごかしながら切ってね。

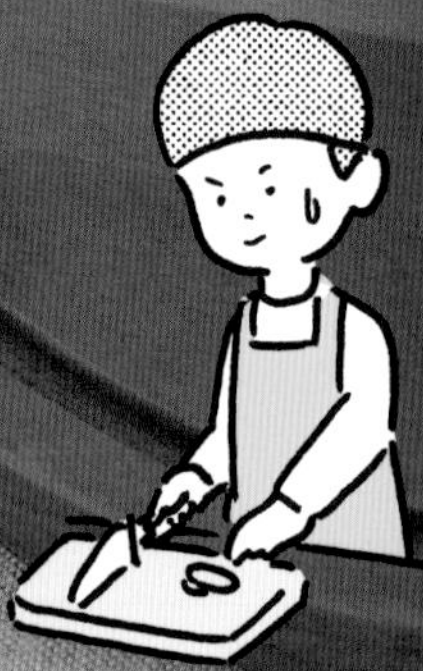

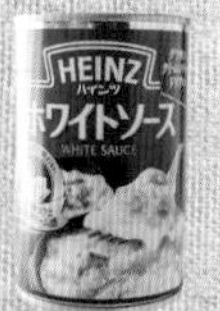

HEINZ
ホワイトソース
WHITE SAUCE

ホワイトソース

鶏肉ときのこのカレーグラタン

少しだけカレー味にしたら、
いつもとちょっとちがうグラタンのできあがり。

2人分の材料

- 鶏もも肉…1枚
- 玉ねぎ…$\frac{1}{4}$こ
- しめじ…$\frac{1}{2}$パック
- 缶詰のホワイトソース…$\frac{1}{2}$缶（←145g）
- 牛乳…100mℓ
- カレー粉…小さじ$\frac{1}{2}$
- マカロニ…50g
- ピザ用チーズ…好きな量
- 塩…好きな量
- コショウ…少し
- サラダ油…大さじ1

※鶏肉は、切って売っているものを使ってもよい。

つくり方（はじめにやっておくこと）

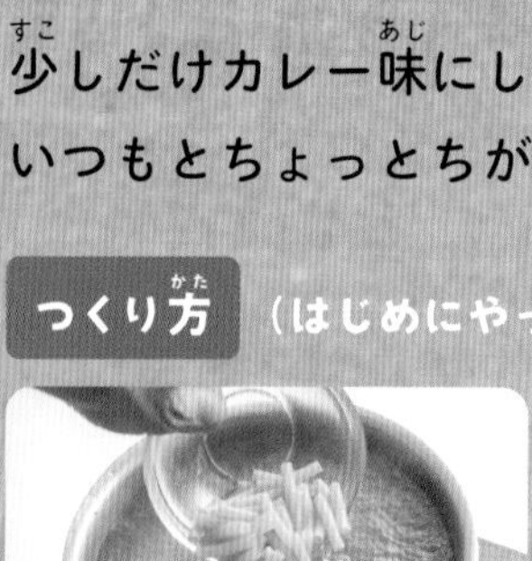

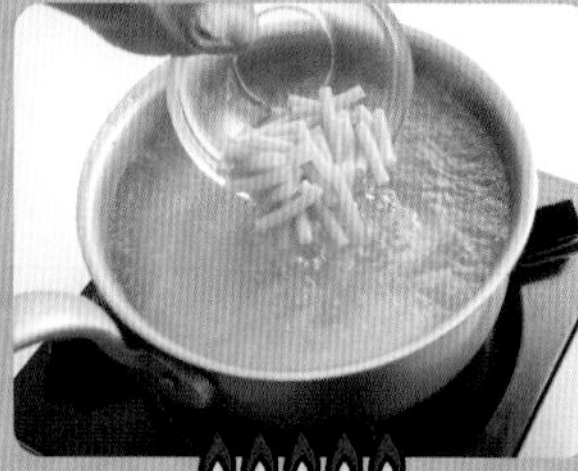

マカロニを、袋に書いてある時間より1分短くゆでて、水気をきる。

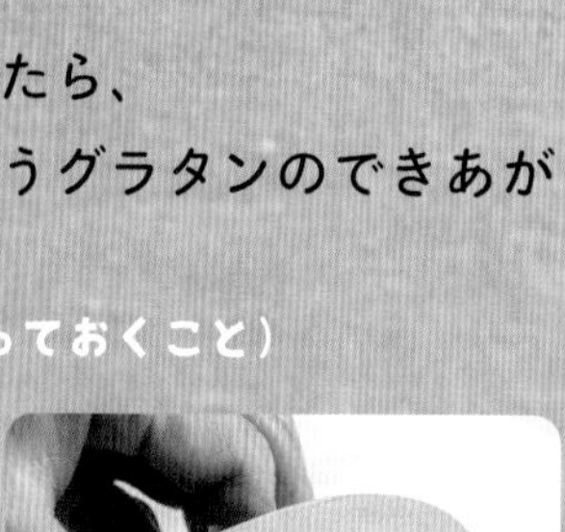

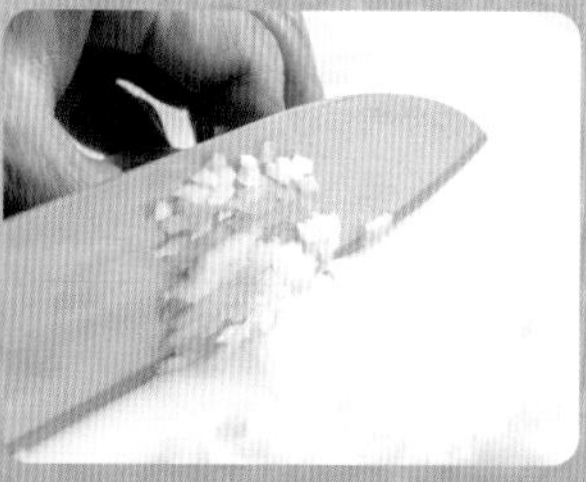

玉ねぎは、薄切りにしてから、みじん切りにする。

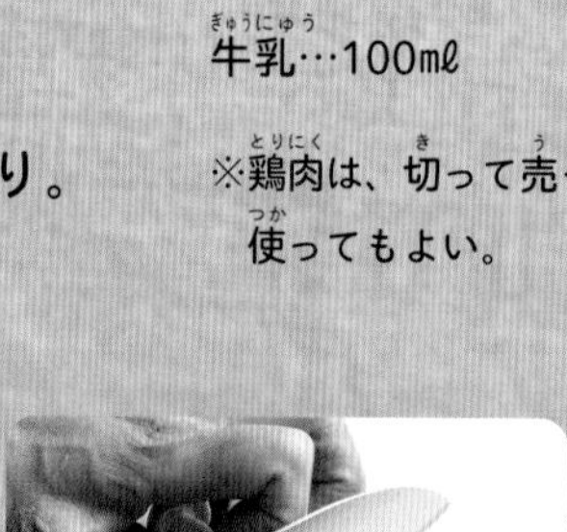

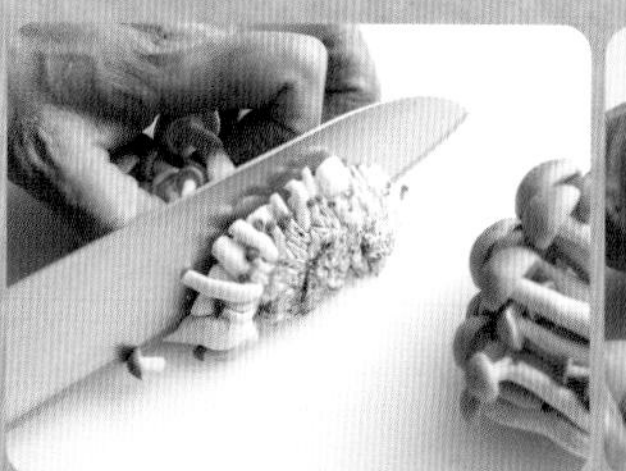

しめじは、下のかたい部分を切りおとして、1本ずつに分ける。

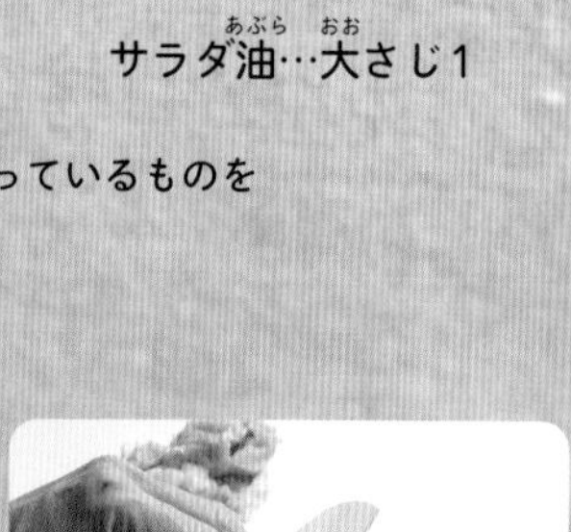

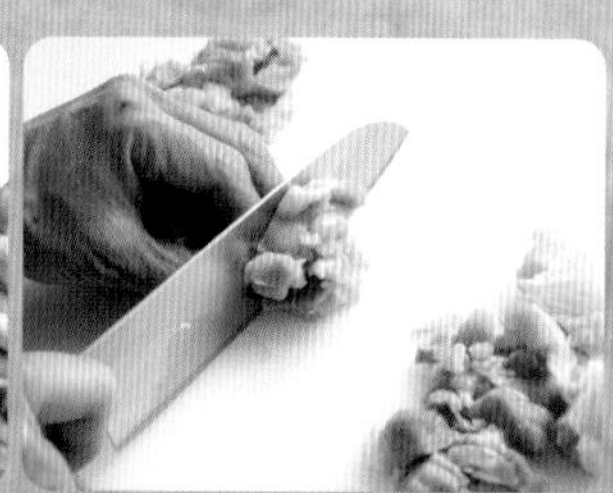

鶏肉は、皮を下にしてまな板におき、食べやすい大きさに切る。

（フライパンで材料を炒める）

鶏肉に、塩とコショウを少しずつふる。

フライパンに、サラダ油を入れて中火にかける。少し温まってきたら、鶏肉を入れて炒める。

鶏肉の色が白っぽくなってきたら、玉ねぎとしめじを入れる。塩をひとつまみふり入れる。

1分ぐらい炒めて、玉ねぎやしめじがしんなりしてきたら、カレー粉をふり入れて炒める。

カレー粉が全体になじんだら、ホワイトソースを入れて混ぜる。

ホワイトソースが全体に混ざったら、牛乳を少しずつ入れながら混ぜる。

（オーブンで焼く）

全体に混ざったら、ゆでたマカロニを入れて混ぜる。塩をひとつまみ加える。

7を半分ずつ、オーブン用のうつわ2つに入れる。

ピザ用チーズをのせて、230℃のオーブンに入れ、15分から18分焼いて、焼き色をつける。

えびとほうれん草のドリア

ごはんとホワイトソースの組み合わせがおいしい。
ほうれん草のかわりに、ゆでたブロッコリーを使ってもいいわよ。

2人分の材料

温かいご飯…茶わん2はい分
玉ねぎ…$\frac{1}{2}$こ（←100gぐらい）
ほうれん草…$\frac{1}{4}$わ（←50gぐらい）
からをむいたえび…8本
缶詰のホワイトソース
…$\frac{1}{2}$缶（←145g）
牛乳…150mℓ
水…50mℓ
ピザ用チーズ…40g
サラダ油…大さじ1
ごはんに混ぜるバター…20g
具を炒めるときのバター…20g
塩…少し
コショウ…少し

※焼きあがりに、ドライパセリをふりかけてもよい。

焼きあがりは、うつわが
熱くなっているから気をつけて。
オーブンからとり出すときは、
ミトンを使ってね。

つくり方（はじめにやっておくこと）

温かいご飯にバター20gを混ぜておく。

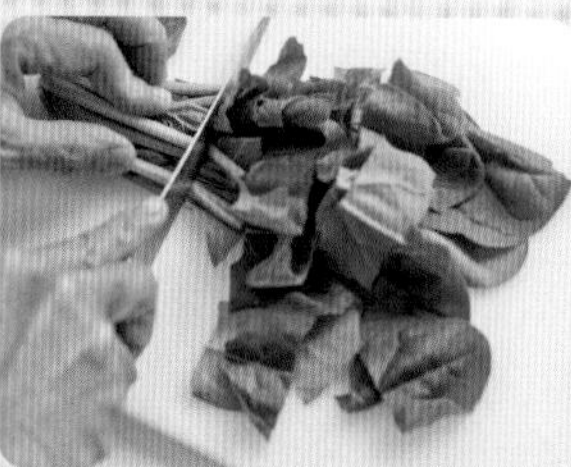

ほうれん草をざく切りにする。

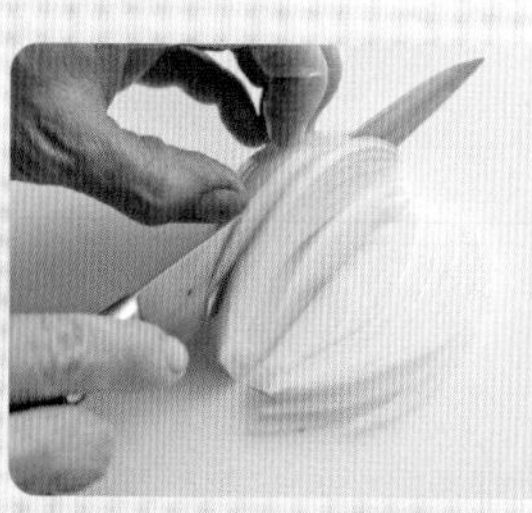

玉ねぎをたてに薄切りにする。

えびに塩とコショウを少しふる。

（フライパンで具とソースをつくる）

フライパンに、サラダ油大さじ1を入れて中火にかけ、少し温まったら玉ねぎを入れて炒める。

玉ねぎがしんなりしたら、バター20gを入れて、ほうれん草も入れて炒める。

バターがとけて全体になじんだら、フライパンのはじに、えびを入れる。

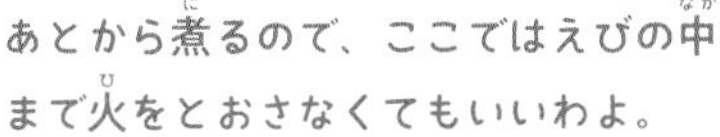

えびをうら返し、両面とも赤くなったら、ホワイトソースを入れて混ぜる。

全体に混ざったら、水と牛乳を入れて混ぜる。

わいてから3分煮たら、塩とコショウ少しで味をつけ、火をとめる。

（オーブントースターで焼く）

オーブン用のうつわ2つに、バターを混ぜたごはんをたいらに入れ、6の具とソースをかける。

ピザ用チーズをのせる。

220℃のオーブントースターに入れ、8分から10分焼いて、焼き色をつける。

煮こみハンバーグ

ハンバーグをじょうずに焼くのは、ちょっとむずかしいけど、煮こみハンバーグなら、表面だけ焼けばいいから簡単だよ！

ブロッコリーとトマトは、最初から煮こまないであとから入れると、色がきれいにしあがるよ。

4人分の材料

ハンバーグの材料

★
- 牛と豚の合びき肉…300g
- 玉ねぎ…$\frac{1}{2}$こ
- パン粉…30g
- 牛乳…50g
- たまご…1こ
- 塩…小さじ$\frac{1}{2}$

- 手にぬるサラダ油…好きな量
- 焼くときのサラダ油…大さじ1

具とソースの材料

- じゃがいも…1こ
- ブロッコリー…$\frac{1}{2}$こ
- トマト…$\frac{1}{2}$こ
- マッシュルーム…4こか5こ
- ケチャップ…大さじ1
- 水…200mℓ
- 缶詰のデミグラスソース…150g
- 塩…小さじ$\frac{1}{4}$
- ピザ用チーズ…好きな量

デミグラスソース

つくり方（はじめにやっておくこと）

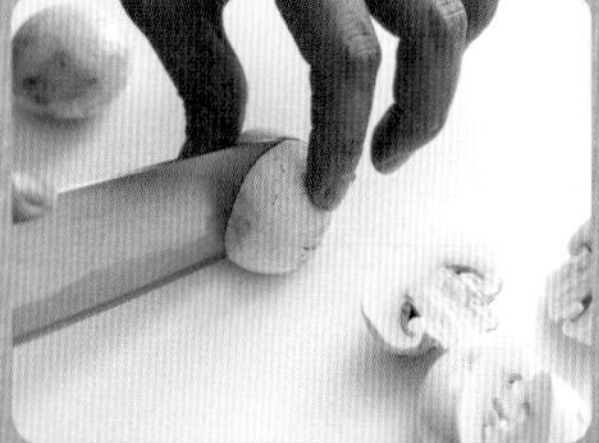

マッシュルームはたて半分に切る。

じゃがいもはよく洗って、皮つきのまま食べやすい大きさに切る。

お皿にのせて少し水をかけ、ラップをして、電子レンジに4分かける。

ブロッコリーのくきは、かたい皮を切りおとして使う。

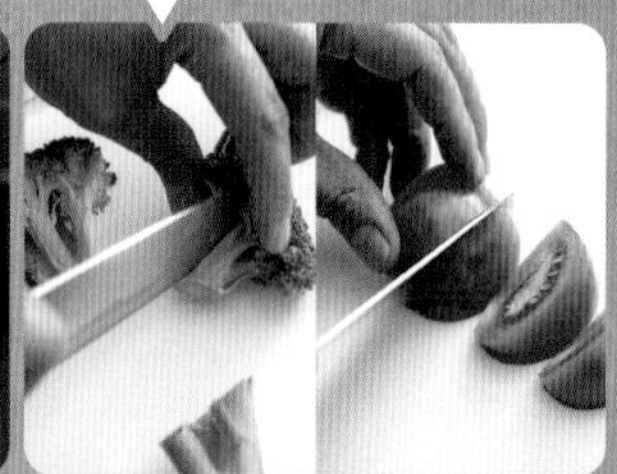

ブロッコリーは食べやすく切る。トマトはヘタをとり、くし形に切る。

（ハンバーグを焼く）

ねばりが出るまで、よくねって混ぜるよ。

★の玉ねぎは、薄切りにしてからみじん切りにする。ボウルに★を全部入れ、手でよく混ぜる。

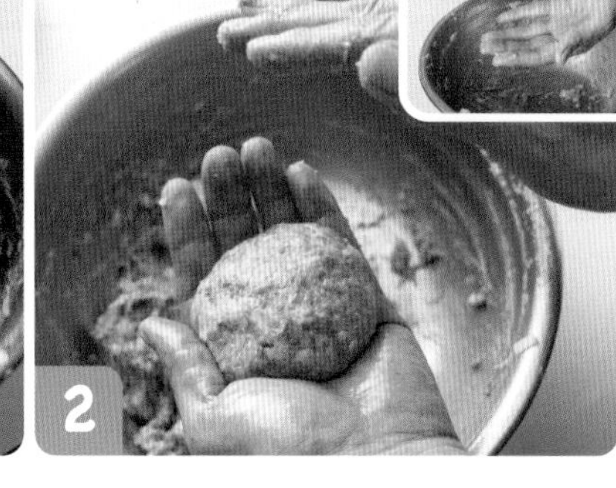

サラダ油をぬった手で1を4等分にして、1こずつハンバーグ形にする。

フライパンを中火にかけサラダ油を入れ、2を入れる。まん中をゆびでおして少しへこませる。

（ハンバーグを煮込む）

へこませておかないと、焼いているうちにまん中が盛りあがってくるよ。

下の面が焼けたら、うら返す。両面ともこんがり焼いたら、フライパンからとり出しておく。

フライパンの油を、ペーパータオルで軽くふきとり、マッシュルームを入れて焼く。

ケチャップをジュッと入れてから、水200mℓ、デミグラスソース、塩を加え、火を強火にする。

わいたらいったん火を消して、4のハンバーグを入れる。

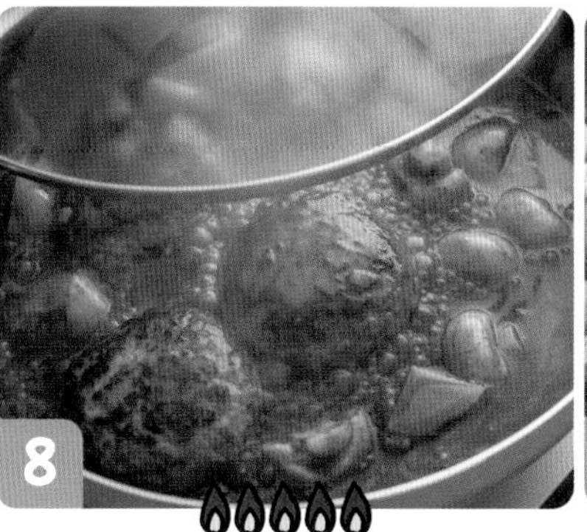

じゃがいもも入れて、また強火にかける。わいたらふたをして、弱火にして10分煮こむ。

ブロッコリーとトマトを入れ、ふたをして2分煮る。ピザ用チーズをのせてふたをし、1分煮る。

ハンバーガー

ハンバーガーが自分でつくれたら、たのしいね。
牛100％のひき肉を使って、お店っぽくつくってみよう。

3こ分の材料

ハンバーグの材料

- ★牛ひき肉…250g
- ★パン粉…10g
- ★牛乳…40g
- ★たまご…1こ
- ★塩…小さじ$\frac{1}{2}$

焼くときのサラダ油…大さじ1

レタス…2枚

トマト…1こ

玉ねぎ…$\frac{1}{8}$こ

玉ねぎにふる塩…少し

ソースの材料

- ◆マヨネーズ…75g
- ◆ケチャップ…15g
- ◆中濃ソース…20g

ハンバーガーバンズ…3こ

ハンバーガー用の丸いパンだよ。

※トマト1こは切るときの大きさ。使うのは輪切り3枚。

このハンバーグは、焼くとすごくちぢむから、焼くまえに大きく薄くのばしておくよ。

つくり方（はじめにやっておくこと）

◆の材料を混ぜ合わせて、ソースをつくる。

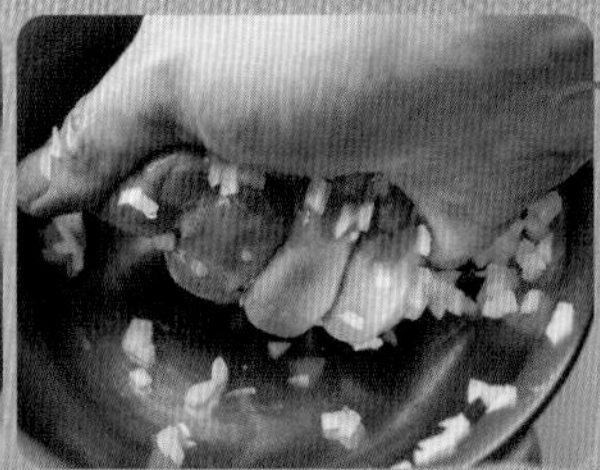

玉ねぎはみじん切りにし、ボウルに入れて塩をふり、手でにぎってもむ。

水に5分つけてから、ザルにあけて、水気をよくきる。

レタスは食べやすい大きさにちぎり、トマトは横1cm厚さに3枚切る。

（ハンバーグをつくる）

ボウルに★の材料を全部入れ、ねばりが出るまで、手でよくかき混ぜる。

❶を3等分にし、1こずつまとめて、えんばん形にする。

クッキングシートを3枚ひろげて❷を1枚ずつのせ、手でおして、バンズより大きくのばす。

フライパンにサラダ油を入れ、挽き肉のほうを下にして❸を入れ、クッキングシートをはがす。

❹のフライパンを弱火にかけて焼く。下の面が焼けたらうら返し、ふたをして焼く。

ハンバーグに竹ぐしをさしてみて、すきとおった肉汁が出てきたら、焼きあがり。

（ハンバーガーを組みたてる）

バンズを横半分に切り、内側を上にしてオーブンで軽く焼く。両方の内側に◆のソースをぬる。

下になるバンズにレタスとトマトをのせて、玉ねぎをちらす。

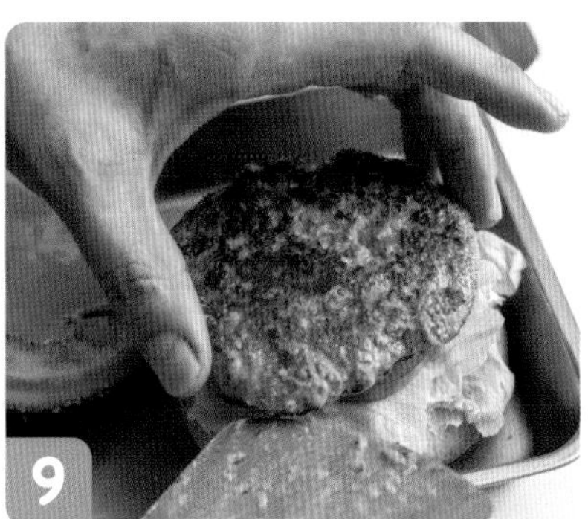

❻のハンバーグをのせて、上のバンズをかぶせる。

オレンジジュースで煮こんだ野菜が、鶏肉によく合うよ。煮こむときの水分で、鶏肉もしっとりとしあがる。

チキンソテー

フライパンで鶏肉がじょうずに焼けたらかっこいい！
肉はしっとりやわらかく、皮はパリッとしあがる方法をおしえるよ。

つくりやすい量の材料

鶏もも肉…250g
塩…小さじ$\frac{1}{2}$
玉ねぎ…$\frac{1}{2}$こ
カラーピーマン…3こ
サラダ油…大さじ1
オレンジジュース…125mℓ
バター…20g
イタリアンパセリ…好きな量

※カラーピーマンは、いろいろな色を混ぜるとたのしい。
※オレンジジュースは、果汁100%のもの。
※イタリアンパセリは、あらいみじん切りにしておく。

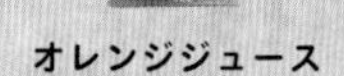
オレンジジュース

つくり方（はじめにやっておくこと）

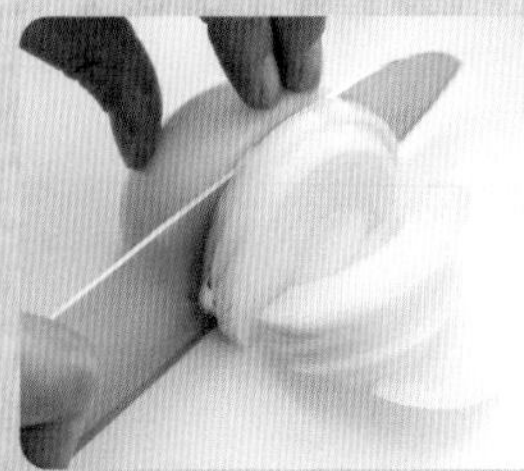
玉ねぎは、たてに薄切りにする。

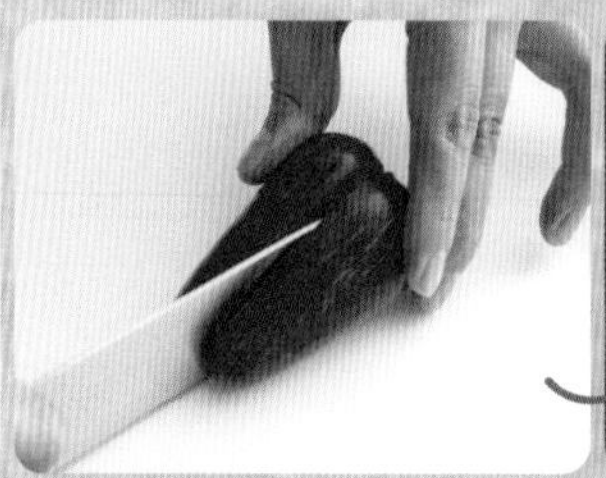
カラーピーマンは、たて半分に切る。

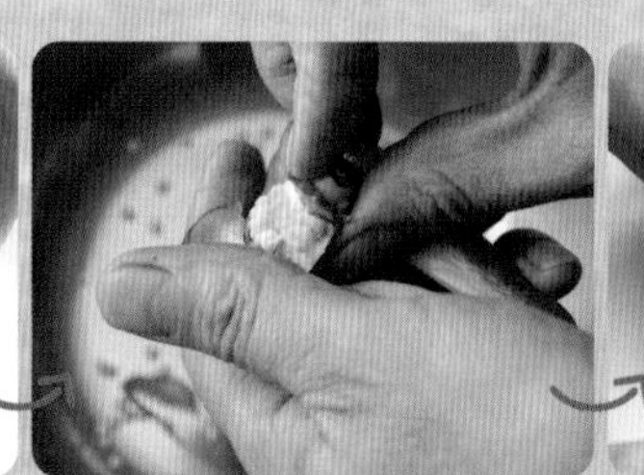
ヘタと種をとる。

それぞれを、たてに4等分に切る。

（鶏肉を焼く）

こうやっておもしをのせることで、皮がしっかり焼けるんだよ。

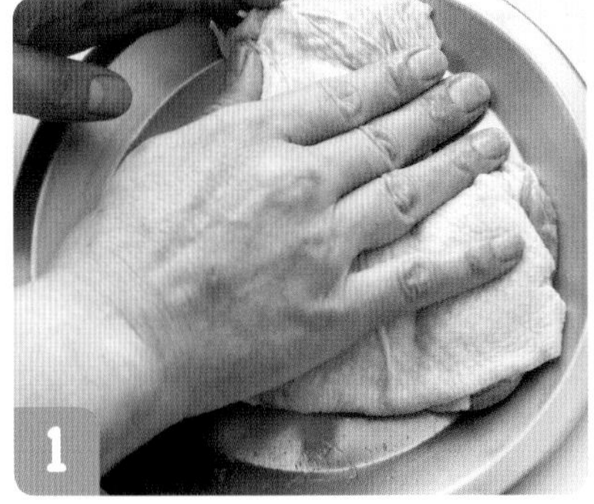

1 鶏肉は、皮側と肉側の両方に塩をふって、手で少しもみこむ。そのまま10分ぐらいおいておく。

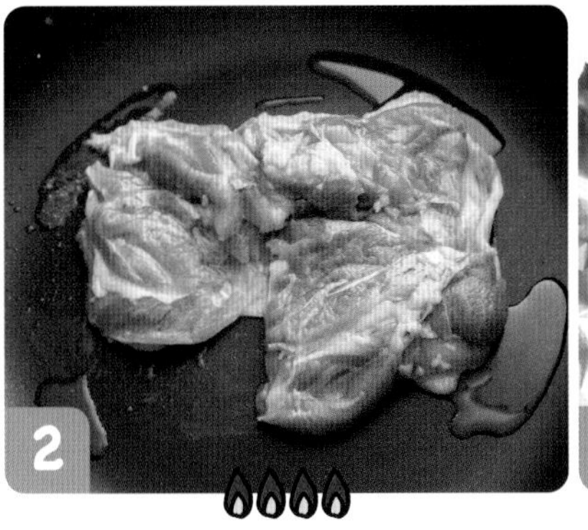

2 フライパンにサラダ油を入れて、中火にかける。1の鶏肉を、皮のほうを下にして入れる。

3 鶏肉にアルミホイルをかぶせて、水を半分くらい入れたやかんをのせて、弱火で5分焼く。

トングで鶏肉を、少しもちあげてみるといいよ。

4 やかんとアルミホイルをはずす。下の面の焼けぐあいを見ながら、中火にして、皮をパリッと焼く。

5 鶏肉をうら返して1分焼いたら、フライパンからとり出す。フライパンの油は軽くふきとる。

（つけ合わせとソースをつくる）

6 5のフライパンに玉ねぎとカラーピーマンを入れ、中火で炒める。オレンジジュースを入れる。

野菜に少し焼き目がついてから、ジュースを入れるよ。

下の煮こみの水分で、鶏肉がしっとりとしあがるよ。

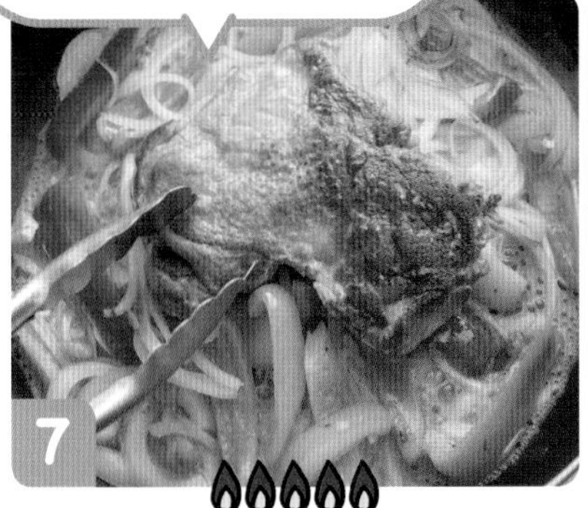

7 火を強火にして、とり出しておいた鶏肉を、皮のほうを上にしてのせる。

8 オレンジジュースが半分ぐらいに煮つまったら、鶏肉をまたとり出し、バターを入れて混ぜる。

9 8をうつわに盛る。鶏肉を、食べやすい大きさに切ってのせる。イタリアンパセリをちらす。

サーモンムニエル

おすしが人気のサーモンだけど、
バターで焼く「ムニエル」もおいしいわよ。
バターしょうゆのソースなら、パンにもごはんにも合う！

1人分の材料

皮をとったサーモン…1切れ
塩…好きな量
コショウ…好きな量
小麦粉…好きな量
サラダ油…大さじ1
サーモンを焼くときの
　バター…10g
★
　酒…大さじ1
　しょうゆ…小さじ1
　レモン汁…大さじ$\frac{1}{2}$
　さとう…ひとつまみ
ソースに入れるバター…20g
ほうれん草
　…$\frac{1}{4}$わ（←50gぐらい）
ほうれん草にからめる
　バター…5g

※レモン汁は、半分に切ったレモンをしぼってとった汁。

小麦粉をつけるのは、表面をこうばしく、
中をふっくらと焼きあげるため。
小麦粉は、薄くつけるのがポイントよ。

つくり方（はじめにやっておくこと）

ほうれん草をざく切りにする。わかして塩を入れたお湯に入れて、ゆでる。

ザルにあげて水気をきり、ボウルに入れて、バター5gを入れて混ぜる。

サーモンに塩とコショウをふり、5分から10分おいておく。

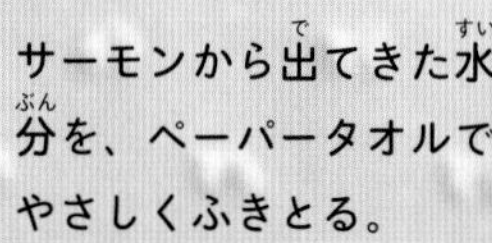

サーモンから出てきた水分を、ペーパータオルでやさしくふきとる。

（フライパンで焼く）

バットに少し多めの小麦粉を入れておき、サーモンをのせて、全体に小麦粉を薄くまぶしつける。

フライパンにサラダ油を入れて中火にかけ、バター10gを入れ、とけてきたら、1を入れる。

フライパンを少しかたむけ、たまったバターをスプーンですくい、サーモンにかけながら焼く。

フライ返しで少しもちあげ、下側にいい焼き色がついていたら、フライ返しでしずかにうら返す。

ふたをして、弱火で2分焼く。

サーモンを、フライパンからとり出しておく。

（ソースをつくる）

ペーパータオルでフライパンを軽くふく。茶色い部分はおいしいので、全部はふきとらない。

7のフライパンに★を入れて弱火にかけ、わいたらバター20gを入れる。

バターがとけたら火をとめる。うつわにサーモンとほうれん草を盛りつけ、熱いソースをかける。

オムライス

いろいろなオムライスがあるけれど、
これはケチャップライスにとろとろたまごをかぶせるスタイル。
ケチャップをかけ食べてもおいしい!

2人分の材料

温かいごはん
…茶わん2はい分
玉ねぎ…$\frac{1}{2}$こ
ケチャップ…大さじ3
たまご…6こ
塩…少し
コショウ…少し
サラダ油…大さじ$\frac{1}{2}$
バター…10g
トマト…$\frac{1}{2}$こ

※たまごを焼くときは、小さめのフライパンを使う。

ケチャップライスは、
ベーコンやしめじ、鶏肉などを
加えてつくってもいいわよ。

つくり方（はじめにやっておくこと：2人分のケチャップライスをつくる）

玉ねぎを薄切りにしてから、みじん切りにする。

フライパンを強火にかけ、サラダ油を入れて、玉ねぎ、ケチャップを入れる。

ケチャップの水分が少なくなるまでよく炒めたら、

温かいごはんを入れて、玉ねぎとケチャップが全体に混ざるように炒める。

（ケチャップライスをうつわに盛りつける）

ケチャップライスを半分ずつ、2つのうつわにのせる。

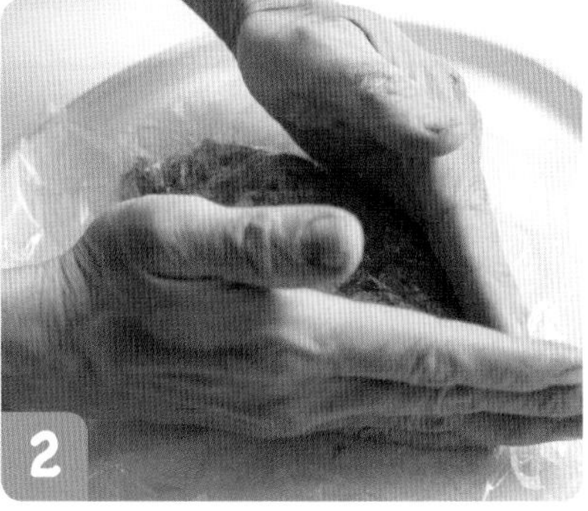

ラップをかぶせて、手でおさえてラグビーボール形にする。

ラップをはずす。

（たまごを1人分ずつ焼いて、ケチャップライスにかぶせる）

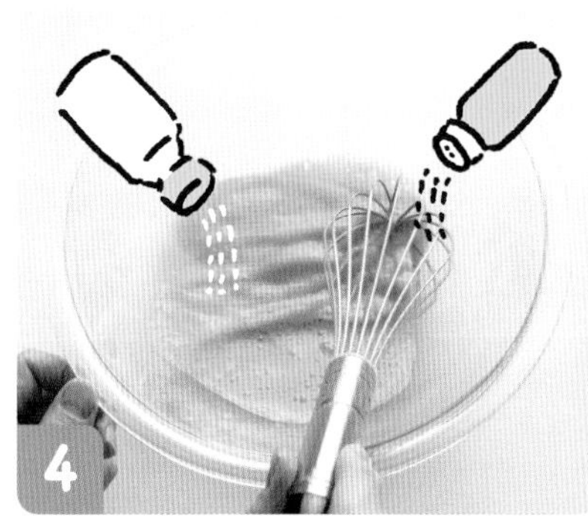

たまごを3こわって、ボウルに入れる。泡立て器でよく混ぜる。塩とコショウをふる。

泡立て器を横に早く動かして、黄身と白身をしっかり混ぜ合わせてね。

フライパンを強火にかけ、バターを入れる。バターが少し茶色くなってきたら、4を入れる。

すぐにゴムベラをもち、早く混ぜながら焼く。

のこり3このたまごも同じ方法で焼いて、もうひとつのケチャップライスにかぶせてね。

まだほとんどとろとろのうちに、フライパンにくっついたまわりの部分をゴムベラではがす。

3にフライパンをちかづけ、ゴムベラにたまごをのせながら、少しずつたまごをかぶせていく。

ゴムベラで形をととのえる。トマトをくし形切りにして、横に2つずつのせる。

シーフードカレー

「シーフード」は、魚介類のこと。スーパーで売っている便利な魚介類と、トマトジュースを使ってつくる、簡単トマトカレーだよ。

魚介類を煮こむまえに、こうばしく焼いておくのがポイントだよ。

つくりやすい量の材料

★
- からつきのあさり…180g
- たらの切り身…2枚
- いか…100g
- むきえび…80g
- ボイルほたて…4こ

玉ねぎ…$\frac{1}{2}$こ
にんにく…1つぶ
サラダ油…好きな量
トマトジュース…900mℓ
塩…小さじ2
カレー粉…小さじ1と$\frac{1}{2}$
ごはん…好きな量

※あさりは42ページのように砂ぬきして、水で洗ったもの。
※いかは、「いかそうめん」用に切って売っている、するめいか。
※ボイルほたては、ゆでてあるほたてのこと。
※トマトジュースは、塩が入っていないもの。

トマトジュース

つくり方（はじめにやっておくこと）

★の材料を、バットにならべておく。

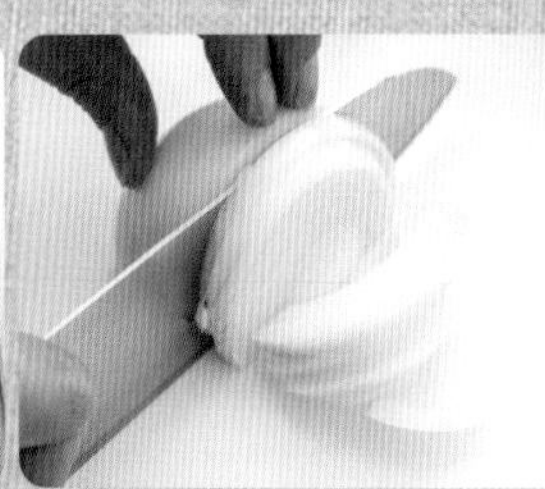

玉ねぎは、たてに薄切りにする。

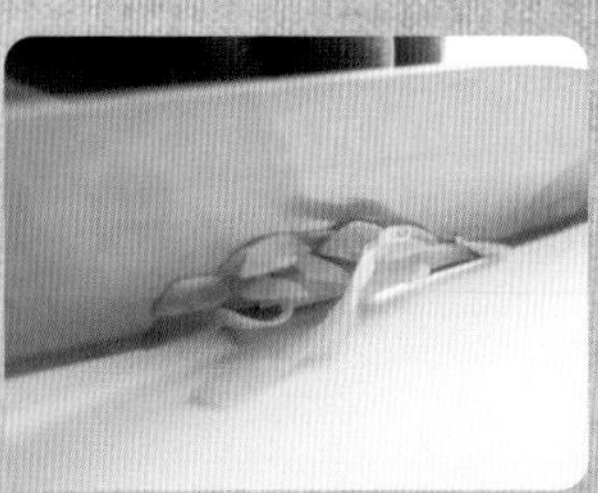

にんにくはたて半分に切り、中心の芽をとり、薄切りにする。

（魚介類を炒める）

フライパンを中火にかけてサラダ油を入れ、皮を下にしたたら、いか、えび、ほたてを入れる。

あまりうごかさずに焼いて、いい焼き色がついたら、フライパンからとり出しておく。

（カレーをつくる）

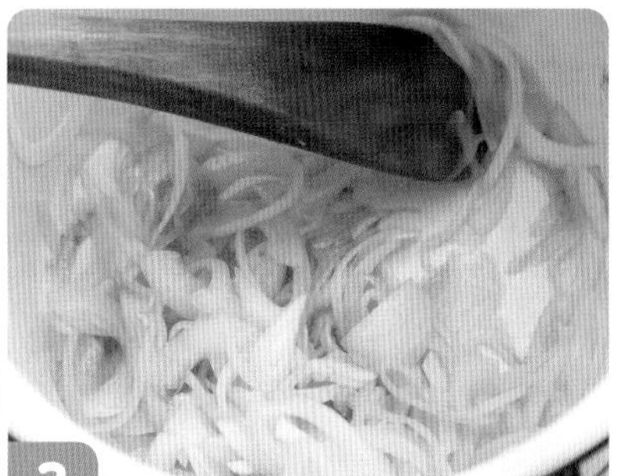

鍋にサラダ油を入れて弱火にかけ、玉ねぎとにんにくを入れて、ヘラで混ぜながら炒める。

できるだけ、かさならないように入れるといいよ。

玉ねぎがしんなりして、少しすきとおってきたら、塩とカレー粉を入れて混ぜる。

トマトジュースを入れる。

2の魚介類を入れる。

最後にあさりを入れて、火を強火にする。

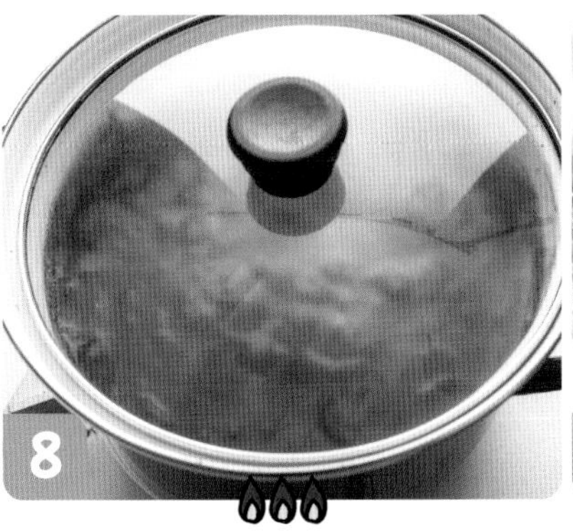

わいたらふたをして、弱火にして15分煮る。

できあがり。ごはんといっしょに、うつわに盛りつける。

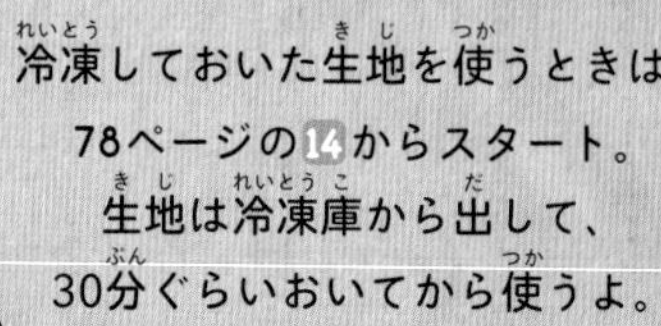

ピザ

生地をつくって、冷凍しておけば、
焼きたてピザが、すぐに食べられる！

つくりやすい量の材料

4枚分のピザ生地の材料

- ★強力粉…250g
- ★ドライイースト…5g
- ★塩…小さじ1/2
- オリーブオイル…20g
- 水…162g
- 台にふる強力粉…好きな量

ソーセージのピザの具とソースの材料

缶詰のあらごしトマト、ソーセージ、ピーマン、ピザ用チーズ、すりおろしたチーズ
…すべて好きな量

モッツァレラチーズのピザの具とソースの材料

缶詰のあらごしトマト、モッツァレラチーズ、すりおろしたチーズ、オリーブオイル、塩、バジリコ
…すべて好きな量

あらごしトマト

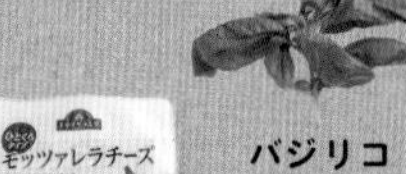
バジリコ

モッツァレラチーズ

つくり方（ピザ生地をつくる）

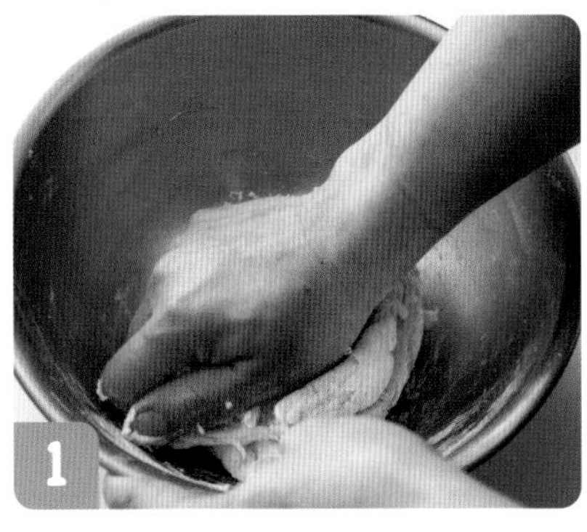

ボウルに★の材料を入れて、混ぜる。オリーブオイルと水を加えて混ぜて、ひとまとめにする。

たいらな台に、生地がくっつかないように強力粉を少しふって、1をボウルからとり出す。

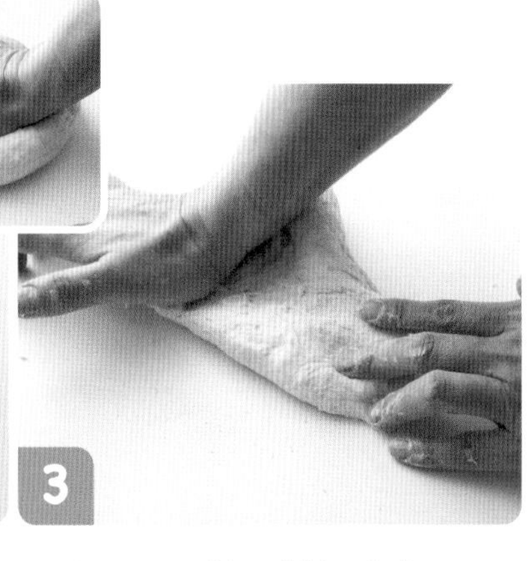

手のひらの下の部分で生地をおしてのばしたり、まとめたりをくり返し、5分くらいねる。

けっこうちからがいるよ。手に体重をのせるようにしてねろう。両手を使ってもOK。

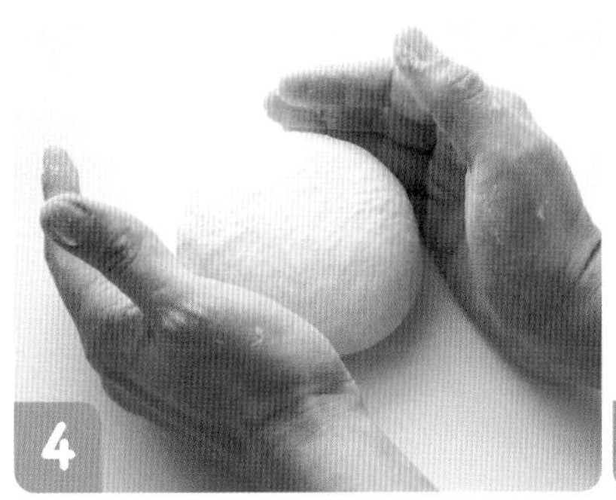

両手の横を、生地のまわりの下の部分に、軽くあてるようにしながら生地をまわし、丸くする。

ボウルに入れて、ラップをかぶせる。暖かいへやに15分おいておく。

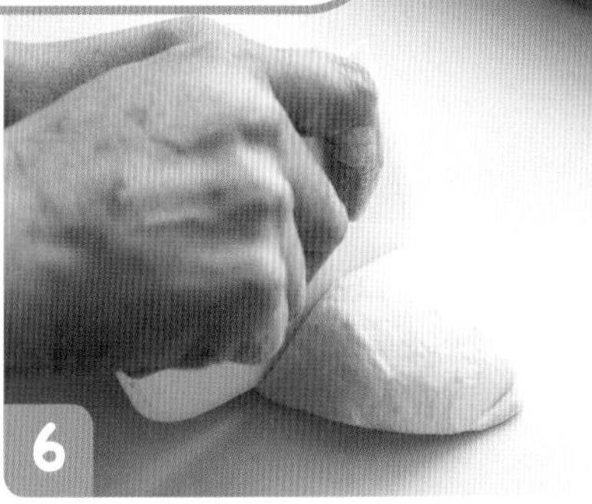

ボウルからとり出して、4等分に切り分ける。

生地を切るときは、「カード」という道具があると便利。なければ包丁で。

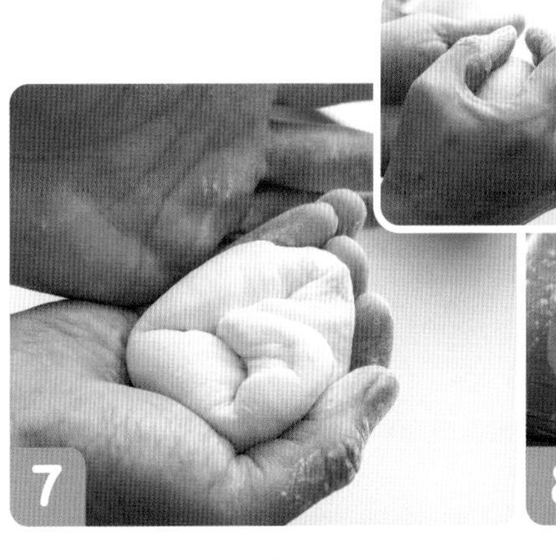

外側の生地を内側に入れるようにしてまとめ、手のひらの上でころがすようにしながら丸める。

4つとも丸めたら、強力粉をふったバットにならべ、ラップをかけて暖かいへやに1時間おく。

1時間たって2倍くらいの大きさになれば、生地のできあがり。

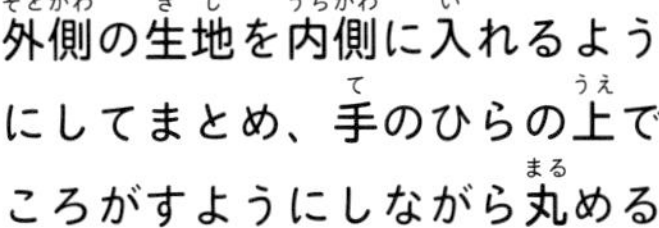

つぎのページにつづく »

»

（ピザ生地を焼く）

のばすまえの生地には、かわかないようにラップをかけておくよ。

焼いているときに、生地がふくらんでうきあがらないようにするためだよ。

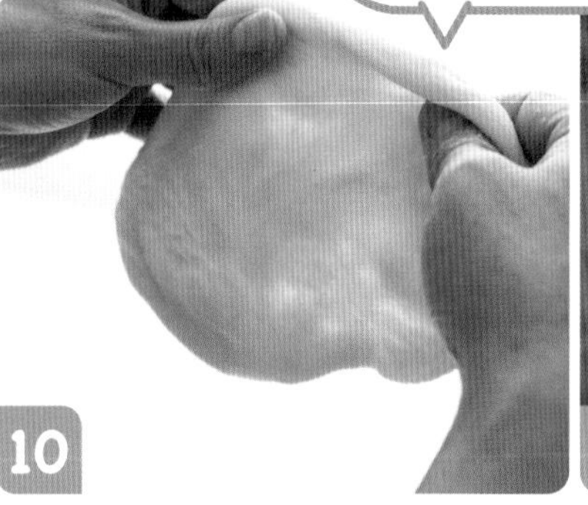

ピザ生地を両手でもち、ふちの部分を1cmほど残して、その内側を少しずつひっぱってのばす。

クッキングシートに強力粉を少しふる。10をおいてひろげ、全体にフォークで穴をあける。

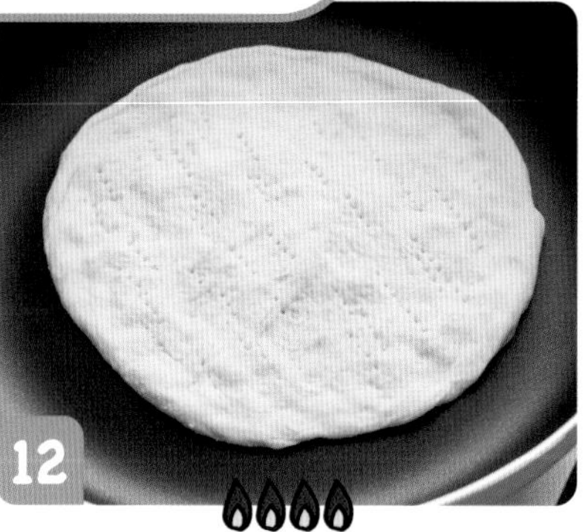

くっつきにくいフライパンを中火にかけて、11のピザ生地を入れて焼く。

（2種類のピザをつくる）

下の面に焼き色がついたら、フライ返しでうら返し、反対側も焼く。フライパンからとり出す。

14

ピーマンは、たて半分に切る。ヘタと種をとって、細切りにする。ソーセージはななめ切りにする。

13のピザ生地2枚の上に、あらごしトマトをぬる。

のこりの生地も、全部同じ方法で焼いて、使わない分は、ラップでつつんで冷凍しておく。

15の1枚に14のソーセージとピーマン、すりおろしたチーズ、ピザ用チーズをのせる。

もう1枚には、モッツァレラチーズをのせ、すりおろしたチーズ、オリーブオイル、塩をふる。

230℃のオーブンで、5分ほど焼く。焼けたら、モッツァレラのピザには、バジリコをのせる。

白いごはんに合う おかずと汁もの

いっしょに食べるおかずや汁ものによって、白いごはんのおいしさは、何倍にもなるような気がしないかな？ ごはんがどんどん食べたくなるような、おかずと汁ものがつくれるようになれば、きっと将来役に立つよ。

とちゅうで水をふりかけて、
フライパンにふたをして蒸らすのが、
おいしくつくるコツだよ。

野菜炒め

ソーセージを加えてつくれば、ボリュームもアップ。
野菜がおいしくたくさん食べられるから、うれしいね。

2人分の材料

ソーセージ…3本
玉ねぎ…$\frac{1}{2}$こ
にんじん…50g
こまつ菜…$\frac{1}{2}$わ
サラダ油…大さじ1
水…大さじ2
黒コショウ…少し
★ 酒…大さじ1
★ しょうゆ…大さじ1
★ みりん…大さじ1

つくり方 （はじめにやっておくこと）

ソーセージを、ななめに3等分に切る。

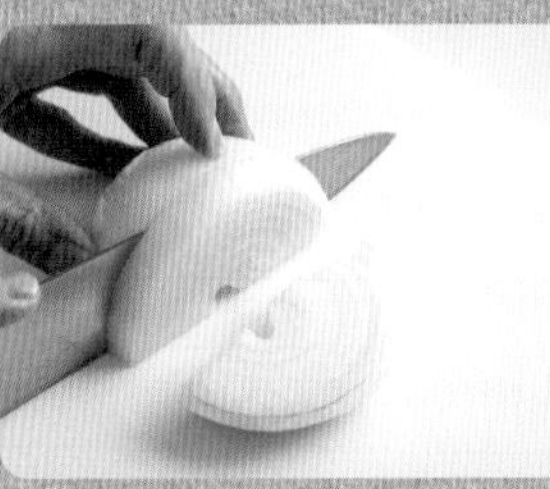

玉ねぎを、切り口を下にしておき、横に1cm幅に切る。

にんじんを、5cm長さのたんざく切りにする。切り方は13ページを見る。

こまつ菜は、根の部分を切りおとしてから、5cm長さに切る。

（フライパンで材料を炒める）

1

★の調味料は混ぜ合わせておく。

2

フライパンにサラダ油を入れて、中火にかける。少し温まったら、ソーセージを入れて炒める。

3

ソーセージのいい香りがしてきたら、玉ねぎ、にんじん、こまつ菜を入れる。

4

さいばしで混ぜながら、炒める。

5

全体に油がからまったら、水を大さじ2入れる。

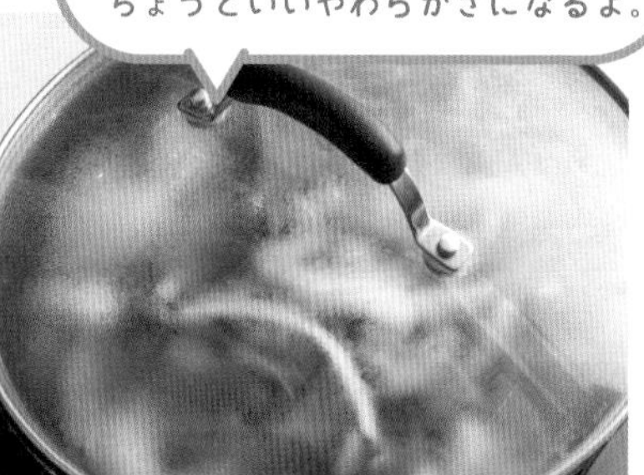

6

水蒸気のちからで、野菜が早く、ちょうどいいやわらかさになるよ。

ふたをして、1分火にかける。

7

ふたをとって、★を加える。

8

さいばしで全体を混ぜながら、炒める。

9

汁が少なくなってきたら、黒コショウを少しふって軽く混ぜる。うつわに盛りつける。

たまごにまだ少し、とろとろの部分がのこっているうちに、バットに移すといいよ。

たまご焼き

ちょっとむずかしそうな四角いたまご焼きが、
簡単につくれる方法をおしえるよ！

2人分の材料

たまご…3こ
だいこん…100g
しょうゆ…少し
サラダ油…大さじ1
★ だし…大さじ3
★ さとう…大さじ1
★ 薄口しょうゆ…小さじ1

※だしは、94ページと同じ方法でとったもの。

つくり方（はじめにやっておくこと）

バットがなければ、四角いおべんとうばこなどでもOK。

小さいバットに、ラップをぴっちりしいて、外側にラップを長くたらす。

だいこんは皮をむき、ザルの上ですりおろして軽く水気をきっておく。

たまごをわって、ボウルに入れてほぐす。★を合わせて加える。

黄身と白身がよく混ざるように、しっかり混ぜ合わせてたまご液をつくる。

（フライパンで、たまご液に火を入れる）

フライパンにサラダ油を入れて、中火にかける。少し温まったら、といたたまご液を入れる。

ヘラで混ぜつづける。

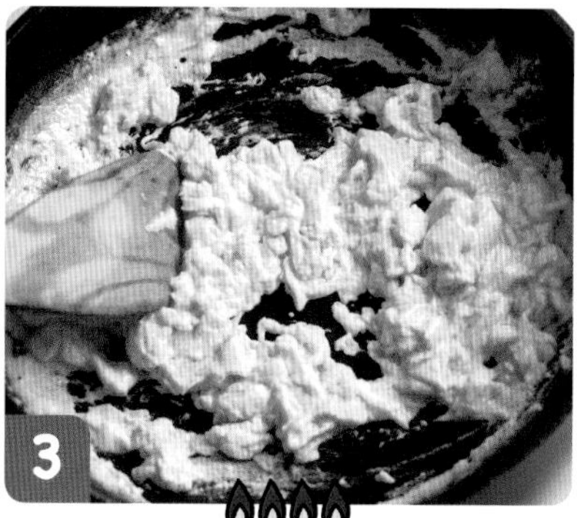

やわらかくかたまってきたら、火からおろす。

（たまご焼きの形にする）

ラップをしいたバットに入れる。

ヘラでバット全体にひろげて、上がたいらになるようにする。

外側にたらしておいたラップをぴっちりかぶせる。

底が6のたまごと同じくらいの大きさの四角い入れものに、水を入れてのせ、5分ぐらいおく。

ラップをとり、上にういている汁を、ペーパータオルでとる。

食べやすい大きさに切る。うつわに盛りつけ、だいこんおろしをのせて、しょうゆをたらす。

同じ野菜は、
できるだけ大きさをそろえて切ると、
煮たときのやわらかさが
同じになるよ。

肉じゃが

味がしみこんだじゃがいもがおいしい！
フライパンを使って、少なめの煮汁で
つくる方法をおしえるよ。

4人分ぐらいの材料

牛切りおとし肉
…200g
じゃがいも…3こ
玉ねぎ…$\frac{1}{2}$こ
にんじん…$\frac{1}{2}$本

ごま油…大さじ1
水…300㎖

★
- しょうゆ…大さじ4と$\frac{1}{2}$
- みりん…大さじ1
- さとう…大さじ2と$\frac{1}{2}$

※煮ものに使うじゃがいもは、「メークイン」
という種類がおすすめ。

つくり方（はじめにやっておくこと）

にんじんは、大きいとなかなか煮えない
から、じゃがいもより少し小さめに。

★の調味料は、混ぜ合わせておく。

玉ねぎは皮をむき、食べやすい大きさのくし形切りにする。

じゃがいもは皮をむき、3こと も8等分ぐらいの、食べやすい大きさに切る。

にんじんは皮をむき、食べやすい乱切りにする。
切り方は13ページを見る。

（フライパンで材料を炒める）

牛肉をほぐしながら炒めるよ。

1 フライパンにごま油を入れ、中火にかける。油が温まったら、牛肉と玉ねぎを入れて炒める。

2 牛肉の色が白っぽくなったら、★を入れる。

3 1分ぐらい混ぜながら炒める。

（煮る）

モコモコと出てくるのがアク。これをとると、すっきりとした煮ものになるよ。

4 水を300mℓ入れる。

5 わいてきたら、お玉でアクをとってすてる。煮汁はできるだけすくわないようにする。

6 じゃがいもとにんじんを入れる。

できてからいちどさますと、もっと味がしみこむよ。食べるときにまた温めよう。

7 アルミホイルをかぶせて、弱火にして10分煮る。

8 じゃがいもに竹ぐしをさしてみて、やわらかくなっていたら、火をとめる。

9 全体をやさしくかき混ぜてから、うつわに盛る。

豚のしょうが焼き

しょうが味のたれが、豚肉にぴったり。
さっぱりとした野菜をそえると、バランスがいいよ。

2人分の材料

豚こま切れ肉…200g
キャベツ…$\frac{1}{6}$こ
トマト…$\frac{1}{4}$こ
サラダ油…大さじ1
マヨネーズ…好きな量

★
- 酒…大さじ3
- しょうゆ…大さじ2
- はちみつ…大さじ2
- すりおろしたしょうが…小さじ1

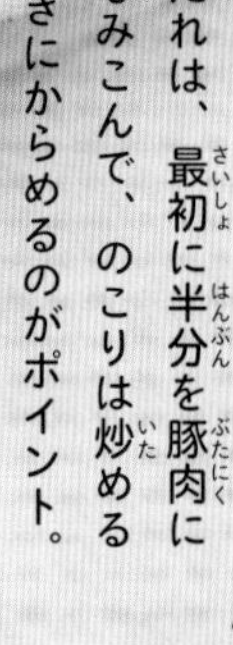

つくり方（はじめにやっておくこと）

キャベツをせん切りにする。水に5分つけてから、ザルで水気をきる。

トマトを食べやすい大きさのくし形切りにする。切り方は12ページを見る。

★を混ぜ合わせて、たれをつくる。

（豚肉にたれをからめる）

豚肉をボウルに入れ、★のたれの半分を加える。

手で肉にたれをもみこんで、そのまま10分おいておく。

（フライパンで焼く）

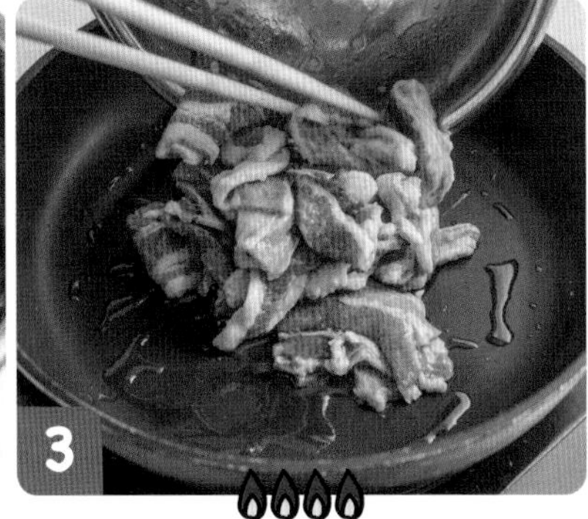

フライパンにサラダ油大さじ1を入れて、中火にかける。少し温まったら、2の豚肉を入れる。

豚肉を、ときどきうら返しながら、白っぽい色になってくるまで炒める。

のこりのたれを加えて炒める。

豚肉にたれがしっかりからんだら、できあがり。

（盛りつける）

うつわのはじにキャベツとトマトをのせて、6を盛りつける。横にマヨネーズをのせる。

焼き肉

焼き肉のたれが自分でつくれるって、
しってたかな？
キウイの甘ずっぱい味をきかせた
このたれは、肉によく合うよ。

2人分の材料

焼き肉用の牛肉…200g

サニーレタス…$\frac{1}{2}$こ

サラダ油…好きな量

たれ

長ねぎ…$\frac{1}{4}$本

キウイ…1こ

★
- しょうゆ…大さじ5
- 酒…大さじ2
- はちみつ…大さじ3
- 黒コショウ…少し
- 白ごま…大さじ1
- ごま油…大さじ1
- すりおろしたにんにく…小さじ1
- すりおろしたしょうが…小さじ$\frac{1}{2}$

※牛肉は、焼き肉用の「ロース」や「カルビ」などを使う。

※たれの材料はつくりやすい分量なので、2人分より多くできる。

※のこったたれは、冷蔵庫に入れておく。3日ぐらいとっておける。

焼き肉は焼きすぎると、
かたくなったり、たれがこげたり
するから、さっと焼こう。

つくり方

（はじめにやっておくこと）

サニーレタスを水に5分つけてから、ペーパータオルで水気をとる。

（焼き肉のたれをつくる）

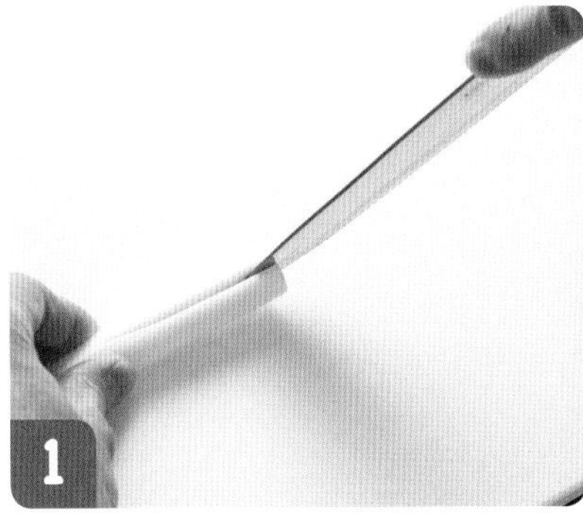

1 長ねぎは、もつほうを切りおとさないようにしながら、長い切りこみを6本ぐらい入れておく。

2 はしから5mm幅くらいに切っていく。

3 包丁の先をおさえて、長ねぎの上で、包丁の下側を上下にうごかして、みじん切りにする。

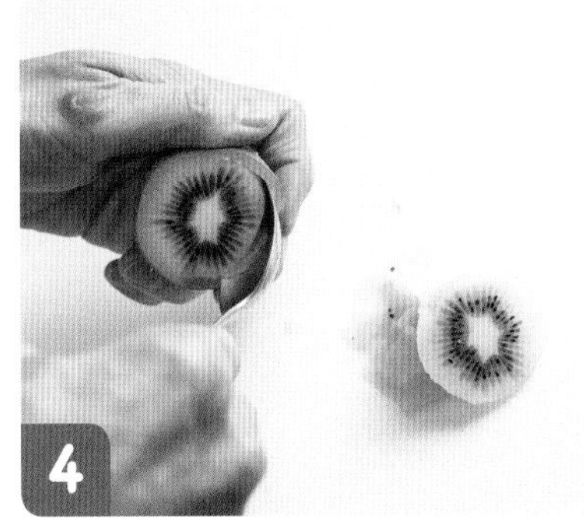

4 キウイを半分に切り、スプーンで実をとり出す。

5 3の長ねぎと同じやり方で、キウイもみじん切りにする。

6 ★をボウルで混ぜ合わせ、3の長ねぎと5のキウイを加えてよく混ぜる。

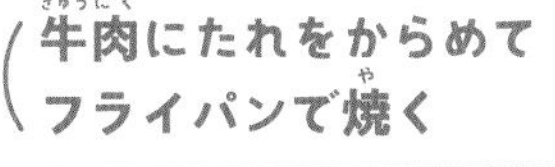

（牛肉にたれをからめてフライパンで焼く）

7 牛肉をバットにひろげて入れて、6のたれを大さじ6かけて、からめておく。

サラダ油は、ペーパータオルで全体にひろげておくといい。

8 フライパンにサラダ油をひいて、中火にかける。少し温まったら、7の牛肉を入れて焼く。

9 下の面に焼き色がついたら、うら返してさっと焼く。サニーレタスをしいたうつわに盛る。

鶏のてり焼き

「てり焼き」は、しょうゆやみりんを混ぜてつくるたれをからめて焼く料理。
つやつやに焼きあがるのが特徴だよ。

鶏肉は、焼くのに少し時間がかかるよ。じっくり焼いて、中までしっかり火をとおそう。

2人分の材料

皮つきの鶏もも肉
…1枚（←300gぐらい）
レタス…2枚
だいこん…150g

サラダ油…大さじ1
★
酒…大さじ3
みりん…大さじ3
しょうゆ…大さじ1と$\frac{1}{2}$

つくり方（はじめにやっておくこと）

レタスは2枚かさねて巻いてから切ると、切りやすいよ。

★の調味料を混ぜ合わせて、たれをつくる。

だいこんは皮をむいて、おろし金を使って、ザルの上ですりおろす。

下におちた水はすてる。こうすると、盛りつけるとき水っぽくならない。

レタスをせん切りにする。水に5分つけてから、水気をきる。

（フライパンで焼く）

トングを使うと、大きな鶏肉ももちやすいよ。

フライパンにサラダ油を入れ、中火にかける。少し温まったら、皮側を下にして鶏肉を入れる。

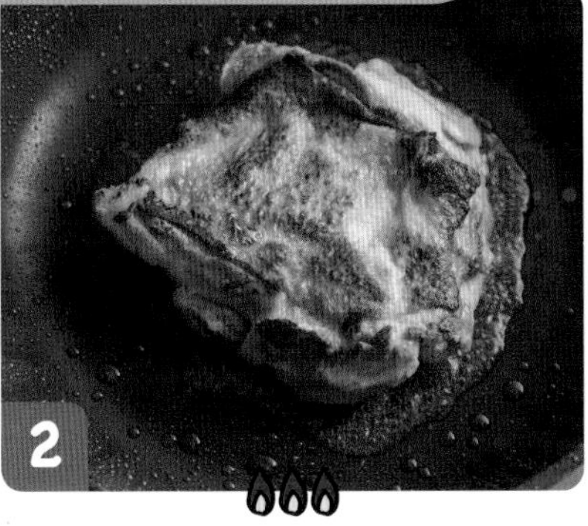

5分から6分焼いて、皮に焼き色がついたらうら返す。火を弱火にして、また5分から6分焼く。

鶏肉のまわりの油を、ペーパータオルでふきとる。

★のたれを入れる。

火を中火にする。鶏肉を、ときどきひっくり返したりまわしたりしながら、たれをからめる。

たれがとろっとしたら、焼きあがり。鶏肉をフライパンからとり出す。

（盛りつける）

だいこんおろしは、手で丸くまとめておくときれいだよ。

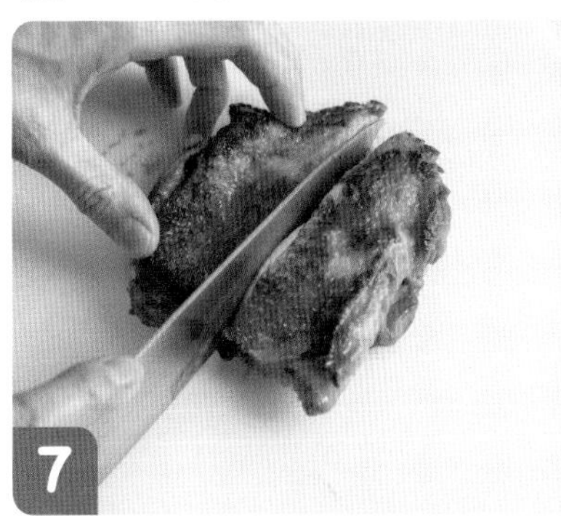

手でさわれるくらいにさめたら、まな板の上で半分に切る。

それぞれを、食べやすい大きさに切る。

うつわに盛りつけて、フライパンの中のたれをかける。レタスとだいこんおろしをそえる。

鶏のから揚げ

子どももおとなも大好きなから揚げ。
揚げたては、とくにおいしいね。

カラッとしたから揚げにするためには、
1回揚げて、油から出して、もう1回揚げる、
「二度揚げ」が必要なんだ。揚げるときは、
かならずおとなといっしょにね。

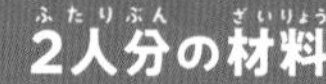

皮つきの鶏もも肉
…1枚（←300gくらい）
レモン…$\frac{1}{4}$こ
かたくり粉
…鶏肉全体にからむ量
サラダ油…揚げやすい量

★
しょうゆ…大さじ2
みりん…大さじ2
すりおろしたにんにく…小さじ$\frac{1}{2}$
すりおろしたしょうが…小さじ$\frac{1}{2}$
黒コショウ…少し

※鶏もも肉は、から揚げ用に切って売っているものを使ってもよい。

つくり方（はじめにやっておくこと）

切ってある鶏肉を使う場合は、
そのままでいいよ。

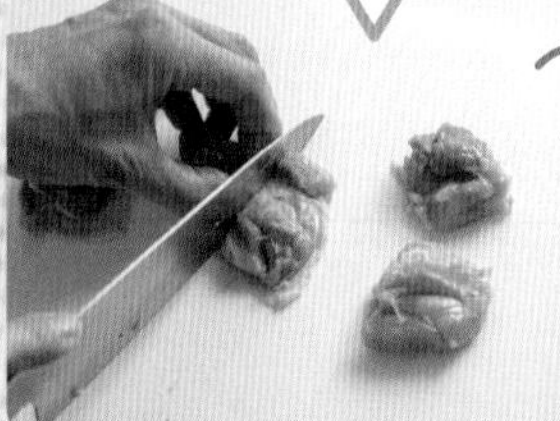

鶏肉を、から揚げの大きさに切る。

ボウルに入れ、★を加えて手でもみこむ。そのまま15分おいておく。

ペーパータオルにのせて、上にもペーパータオルをかぶせる。

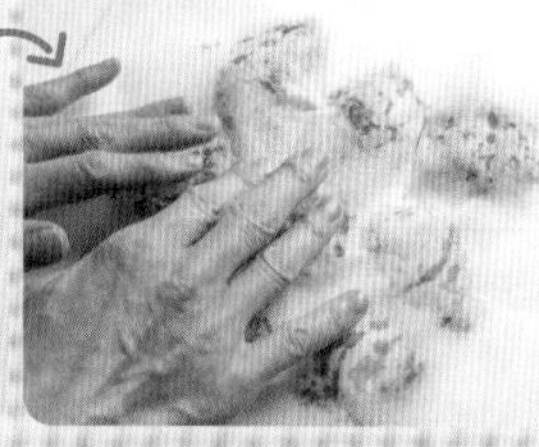

上から軽く手でおさえて、鶏肉についた汁をとる。

（油で揚げる）

油にさいばしを入れて、さいばしから細かい泡がどんどん出たら、170℃くらい。

とれそうな皮は、肉をつつむようにしてくっつけながら、油に入れるといいよ。

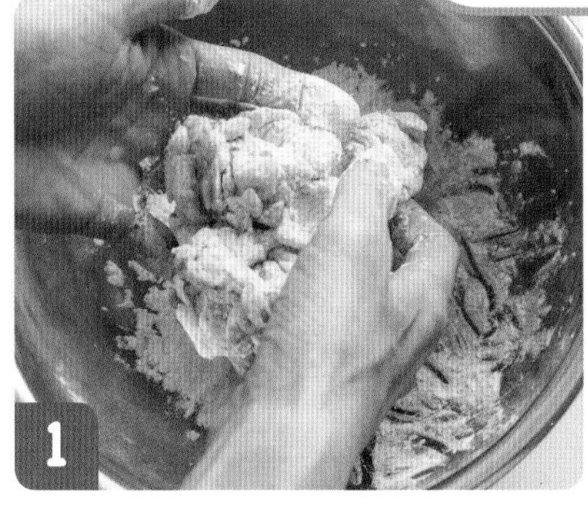

味をつけた鶏肉に、かたくり粉をまぶしつける。

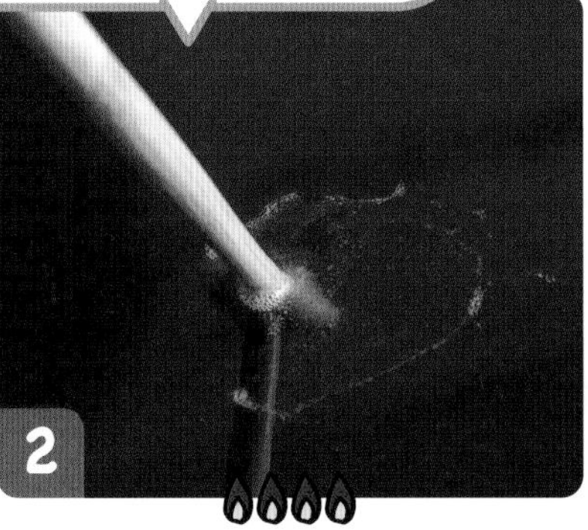

フライパンに、サラダ油を3cm高さくらいまで入れて中火にかけて、170℃くらいにする。

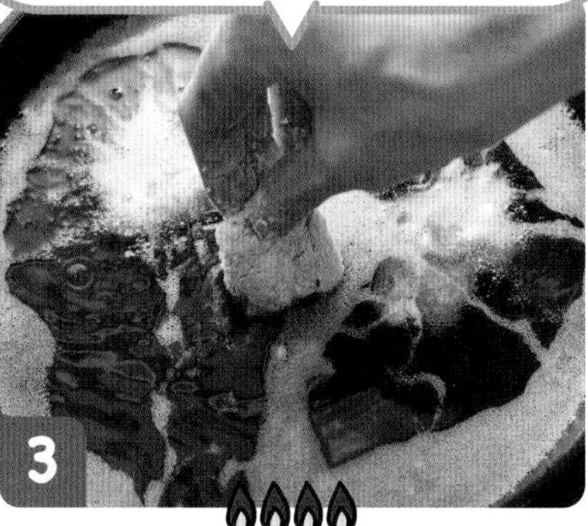

❷の油に、❶の鶏肉を1つずつ形をととのえながら入れる。できるだけ油にちかづけて入れる。

油にのこった揚げかすは、あみですくってすてておく。

最初は鶏肉にさわらない。

1分ぐらいしたら、さいばしで鶏肉をひっくり返したりしながら、あと2分ぐらい揚げる。

鶏肉を油からとり出して、あみをしいたバットにのせて3分おく。火は弱火にしておく。

また火を中火にして、油を170℃くらいにする。鶏肉をもういちど入れる。

今度は、はじめから鶏肉をさいばしでよくうごかしながら、1分30秒揚げる。

あみをしいたバットにとり出して油をきる。うつわに盛りつけて、切ったレモンをそえる。

豆腐とわかめのみそ汁

便利な粉やパックのだしのもともあるけれど、
だしは、昆布とかつおぶしで自分でとることもできるんだよ。
このだしでつくったみそ汁はとってもおいしいから、ためしてみて。

おいしいみそ汁のコツは、みそをといてからグツグツ煮たてないこと。具の組み合わせは、ほかにもいろいろ考えてみよう。

2人分の材料

きぬごし豆腐…$\frac{1}{2}$丁
わかめ…30g
長ねぎ…$\frac{1}{2}$本
みそ…大さじ3

だしの材料
だし昆布…10g
かつおぶし…20g
水…1ℓ

※わかめは、塩漬けのわかめを水につけてもどし、塩をおとしたもの。
※だしの材料はつくりやすい分量なので、2人分より多くできる。

だしの材料

つくり方 （はじめにやっておくこと：だしをとる）

1. 水1ℓ、だし昆布10g、かつおぶし20gを鍋に入れて、中火にかける。
2. わいたら弱火にして、10分煮る。
3. ザル2つでペーパータオルをはさみ、ボウルにのせて、鍋の中身をあける。
4. ザルに残ったかつおぶしを、お玉でおしてしぼる。ボウルにだしがたまる。

（材料を切る）

わかめは、3cm幅くらいのざく切りにする。

長ねぎは、5mm幅くらいの輪切りにする。

豆腐は、2cm角くらいの四角に切る。

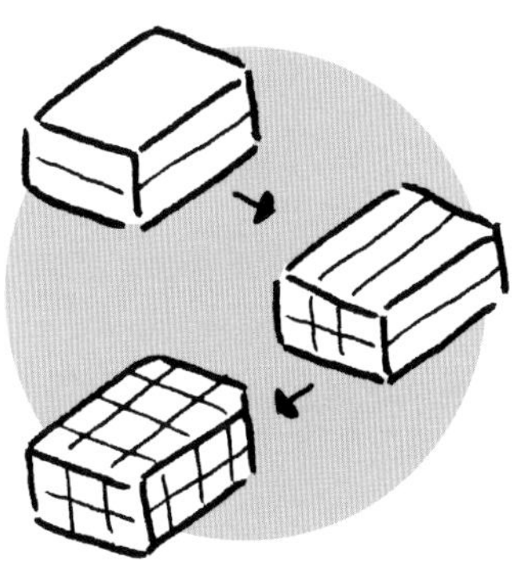

豆腐の切り方

（みそ汁をつくる）

鍋にだしを600mℓ入れて、中火にかける。

わかめと長ねぎを入れて、さっと煮る。

豆腐を加えて弱火で少し温める。

お玉にみそをのせ、さいばしでとき入れる。みそが全体に混ざったら、火をとめる。

ちくわとたまごのすまし汁

だしに味をつけた汁で、にごっていないものを「すまし汁」というんだ。
これも、だしのおいしさがよくわかるよ。

2人分の材料

ちくわ…1本
えのき…$\frac{1}{3}$パック
みつば…3本
たまご…1こ
だし…600mℓ
薄口しょうゆ…大さじ2
みりん…大さじ1

※だしは、94ページと同じ方法でとったもの。

とといたたまごを加えたら、じっとがまん。あわててすぐにかき混ぜないのが、ポイントだよ。

つくり方（はじめにやっておくこと）

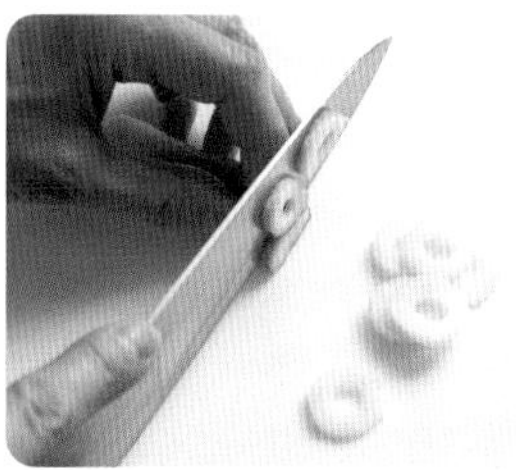

ちくわは、薄い輪切りにする。

えのきは、下のかたい部分を切りおとしてから、3等分に切る。

みつばは、根の部分を切りおとし、3cmに切る。

たまごをわって、ボウルに入れ、さいばしでほぐしておく。

（すまし汁をつくる）

鍋にだし600㎖を入れて、中火にかける。

温まってきたら、ちくわとえのきを入れて煮る。

わいてきたら、薄口しょうゆ大さじ2、みりん大さじ1を入れる。

たまごが1かしょにかたまらないようにしよう。

火を弱火にする。といたたまごを、細いせんのようにたらしながら、全体にぐるっと入れる。

たまごを入れてからすぐに混ぜると、汁がにごっちゃうぞ。

たまごを入れおわったら、そのままいじらずに火にかけておく。

たまごがだんだんかたまって、ういてきたら、みつばを入れてさっと煮る。火をとめる。

なるほど！豆ちしき

かつおぶしのはなし

かつおぶしって、なにからできているかしっている？　もちろん、「かつお」だね。かつおは、みんなもおさしみで食べることが多いと思うけど、あの魚のかつおが「かつおぶし」になるまでには、とても長い時間と手間が、かかっているんだよ。

できあがったかつおぶしは、最初はカチカチのかたまりなんだ。昔はどこの家にもかつおぶしをけずる道具があって、かたまりのかつおぶしをこれでけずって使っていたけれど、今は工場で薄くけずられたものを、お店で買って使うことが多いね。

かたまりのかつおぶし

けずったかつおぶし

うま味のはなし

かつおぶしと昆布でとった「だし」でつくったみそ汁は、なんだかほっとする味で、とてもおいしいよね。このおいしい味はなんだろう？　ためしに、お湯に味噌をとかしてのんでみて。なにかがたりない気がしないかな？　おいしい味のもとはだしなんだ。

「味」にはいくつか種類がある。さとうやお菓子などの甘い味の「甘味」、しょっぱい味の「塩味」、すっぱい味の「酸味」、にがい味の「苦味」。でも、だしのおいしい味は、このどれでもないような気がするね。

この味は、「うま味」っていうんだ。この味について、昔ははっきりとわかっていなかった。最初に昆布のだしを研究して、そのおいしさのもとが「グルタミン酸」という成分だとつきとめたのは、日本人の科学者なんだって。そのときに、このおいしい味が「うま味」と名づけられたよ。そのあと、かつおぶしやしいたけの別の成分も、うま味のもとになっていることがわかったんだ。

「うま味」は、日本人にとって、とても大切な味なんだね。

昆布

みそ汁

米でつくる、うどんでつくる

お米もうどんも、体に入ってエネルギーになる食べものだね。ほかの食材と組み合わせれば、1品でも栄養バランスのいい料理になる。親子どんや牛どんなどのどんぶりや、具だくさんのうどんは、さっと食べちゃいたいときにも便利だよ。

親子どん

鶏(ニワトリ)が「親」で、たまごが「子ども」。
鶏肉とたまごを使ったどんぶりだから、
「親子どん」なんだね。

2人分の材料

温かいごはん
…どんぶり2はい分
鶏もも肉…200g
長ねぎ…$\frac{1}{2}$本
みつば…3本
たまご…3こ

★
- だし…150mℓ
- しょうゆ…大さじ2
- 酒…大さじ2
- みりん…大さじ1
- さとう…大さじ1

※鶏肉は、親子どん用に切ってあるものを使ってもよい。
※だしは、94ページと同じ方法でとったもの。

たまごをあまりかき混ぜすぎないこと。2回に分けて入れて、最後は半熟で火をとめること。これが、たまごとろとろの親子どんにするコツだよ。

つくり方 (はじめにやっておくこと)

包丁を少しななめにねかせながら切る切り方が、そぎ切りだよ。

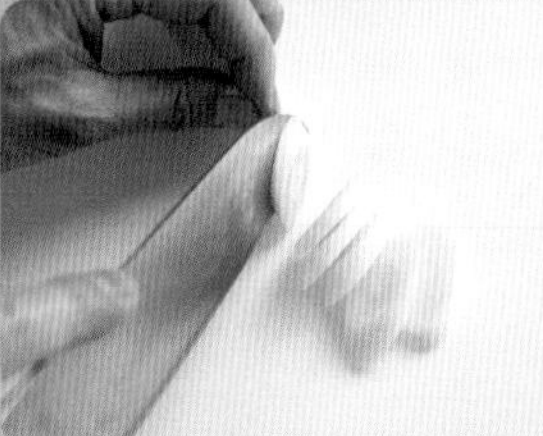

長ねぎは、ななめに7mm幅くらいに切る。

みつばは根の部分を切りおとし、2cm長さに切る。

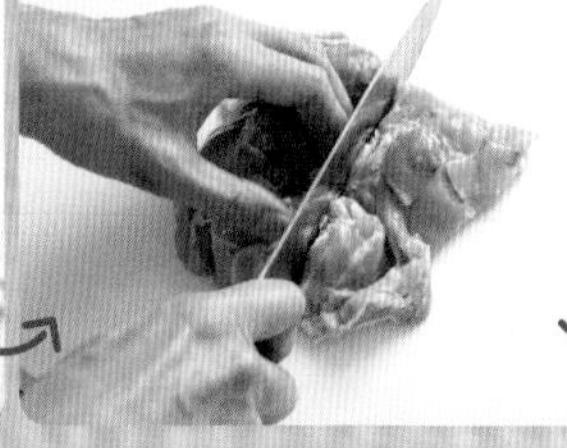

鶏肉は、白い脂のかたまりなどをとりのぞく。皮を下にして半分に切り、

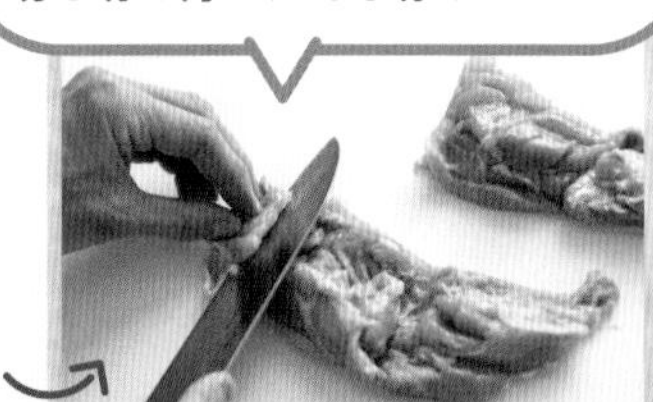

ひと口で食べられるくらいの、そぎ切りにする。

（親子どんの具をつくる）

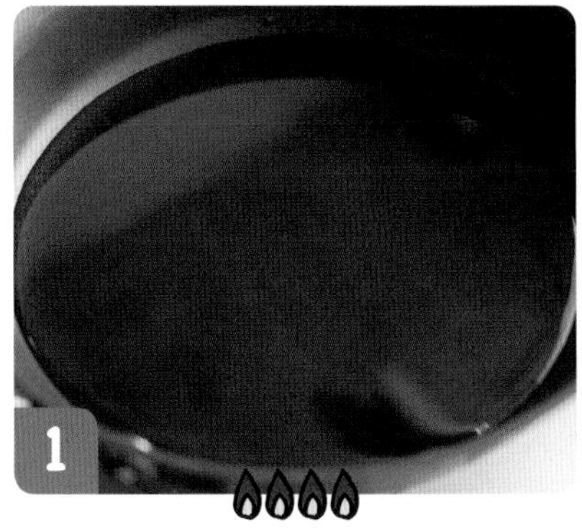

フライパンに★の材料を入れて、中火にかける。

わいてから20秒くらいしたら、鶏肉と長ねぎを入れる。

火を弱火にし、鶏肉に火がとおるまで煮る。

黄身と白身が、完全に混ざっていないほうがいいよ。

3を煮ている間に、たまごをわってボウルに入れ、さいばしで軽くほぐしておく。

4のたまごの半分を、3の鍋のまん中から外側にむかって、うずまきをかくように入れる。

だんだんたまごがかたまってくるよ。

混ぜないで、そのまま20秒ぐらい火にかける。

みつばをちらす。

のこりのたまごを、5と同じように入れる。半熟で火をとめる。

（盛りつける）

2つのどんぶりにごはんを入れる。8を半分ずつのせる。

牛どん

みんなが好きな牛どんも、自分でつくれば
お店にいかなくても食べられるよ！

2人分の材料

温かいごはん
…どんぶり2はい分
牛切り落とし肉…300g
玉ねぎ…1こ
紅しょうが…好きな量

★
- 水…600mℓ
- 酒…60mℓ
- 白ワイン…40mℓ
- さとう…大さじ2
- みりん…100mℓ
- しょうゆ…100mℓ
- 薄口しょうゆ…50mℓ
- すりおろしたしょうが…小さじ1
- だし昆布…5g

牛肉は、すりこぎなどでたたいておくと、煮たときにやわらかくなるよ。煮るまえにお湯にとおしておくことも、おいしくつくるポイント。

つくり方（はじめにやっておくこと）

玉ねぎを、たてに薄切りにする。

牛肉をまな板の上にひろげ、すりこぎでたたく。食べやすい大きさに切る。

鍋に水を入れて中火にかけてわかす。牛肉を入れて、さいばしでほぐす。

こうすると、牛どんがさっぱりしあがるよ。

牛肉の色が白っぽくなったら、ザルにあける。

（牛どんの具をつくる）

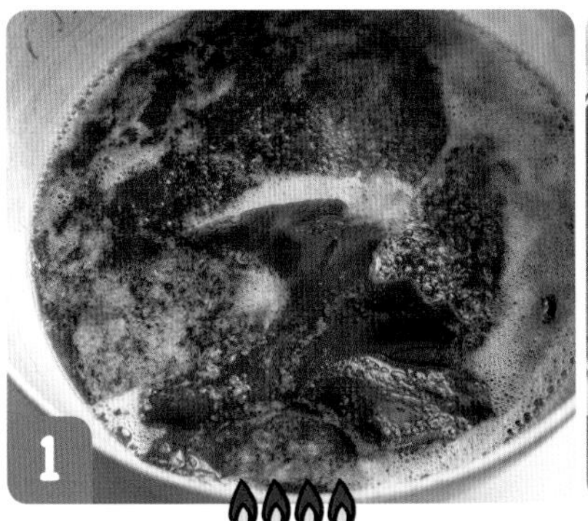

鍋に★の材料を入れて、中火にかけてわかす。

わいてから20秒くらいたったら、玉ねぎを入れる。

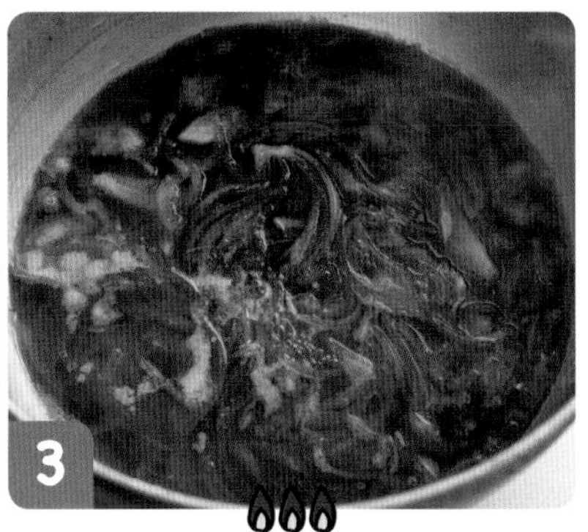

弱火にして、10分ぐらい煮る。

牛肉を入れる。

弱火で15分煮る。

いちどさますことによって、
味がしみこむんだ。

火をとめて、そのままさましておく。さめたら、もういちど火にかけて温める。

（盛りつける）

2つのどんぶりにごはんを入れる。温めた6を半分ずつのせて、紅しょうがをのせる。

まぐろ漬けどん

たれに漬けたまぐろを、白いごはんにたっぷりのせたどんぶり。
たれにわさびを少し加えてもおいしいよ。

使うまぐろは、「トロ」より「赤身」がいいよ。おさしみ用に切ってある赤身のまぐろを使えば、もっと早くできる。

2人分の材料

温かいごはん…どんぶり2はい分
まぐろの赤身のかたまり…200g
万能ねぎ…3本
★たまごの黄身…1こ
★しょうゆ…大さじ3
★みりん…大さじ1
白ごま…小さじ1
きざみのり…好きな量

※まぐろは、さしみ用に切ってあるものを使ってもよい。
※たまごの黄身のとり出し方は58ページ、または125ページを見る。
※好みで、★にすりおろしたわさびを小さじ$\frac{1}{2}$加えてもよい。

つくり方（はじめにやっておくこと）

万能ねぎは、3mm幅くらいに切る。

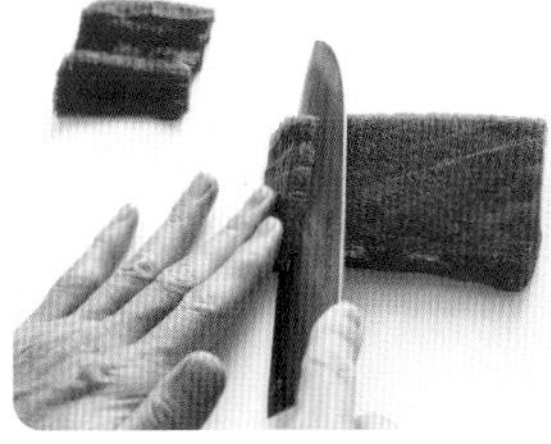

まぐろは、食べやすい大きさの、そぎ切りにする。

包丁を少しななめにねかせながら切る切り方が、そぎ切りだよ。

（まぐろをたれに漬ける）

1 ★の材料をボウルに入れて、混ぜ合わせてたれをつくる。

2 1のたれにまぐろを入れて混ぜて、そのまま10分漬けておく。

（盛りつける）

3 2つのどんぶりにごはんを入れる。2のまぐろを半分ずつのせる。のこったたれを少しかける。

きれいにならべてのせたほうが、おいしそうに見えるよ。

4 万能ねぎ、白ごま、きざみのりをのせる。

しらすとわかめの混ぜごはん

ごはんに具を混ぜるだけでつくれるから、簡単！
混ぜごはんの具は、味や色、
歯ごたえなどのバランスを考えて選ぶといいよ。

ごはんと具を混ぜるときは、
あまりぐちゃぐちゃ混ぜないで、
しゃもじでさっくりと混ぜるといいよ。

2人分の材料

温かいごはん…400g
しらす…40g
わかめ…30g
大葉…3枚
きゅうり…$\frac{1}{2}$本
白ごま…大さじ1
ごま油…大さじ1
しょうゆ…大さじ$\frac{1}{2}$

※わかめは、塩漬けのわかめを水につけてもどし、塩をおとしたもの。

つくり方（具をつくる）

1

わかめは、みじん切りより少し大きめに切る。

2

1のわかめをボウルに入れて、ごま油大さじ1、しょうゆ大さじ$\frac{1}{2}$を加えて混ぜる。

3

大葉はかさねてたて半分に切り、それをまたかさねて、はじからせん切りにする。

4

きゅうりはたて半分に切ってから、それぞれをたて3本に切る。

5

4のきゅうりをまとめて、はじから5mm幅に切る。

（ごはんに具を混ぜる）

6

ボウルに温かいごはんを入れて、2のわかめを加える。

7

しゃもじで切るように混ぜる。

8

しらすと3の大葉、5のきゅうり、白ごまも加える。

9

またさっくり混ぜ合わせる。うつわに盛りつける。

五目炊きこみごはん

いろいろな種類のものが混ざっていることを、「五目」っていうよ。
これは、お米にいろいろな具を混ぜて炊くごはん。
炊飯器でも、土鍋でもつくれるよ。

つくりやすい量の材料

米…2合

★
- 水…340mℓ
- だし昆布…5g
- 酒…大さじ2
- しょうゆ…大さじ1
- 薄口しょうゆ…大さじ1

ハーフベーコン…4枚
にんじん…50g
ごぼう…50g
しいたけ…2枚
油揚げ…$\frac{1}{2}$枚

※米2合は、米用の180mℓのカップで2はい分。
※米はボウルに入れて、水を米全体がかぶるくらいに入れ、少し強く混ぜてすぐに水をすてる。そのあとは、水を加えてやさしく混ぜてすすぐのを、3回くり返してとぐ。

土鍋でごはんを炊くときは、時間と火加減が大事だよ。炊飯器で炊くときは、炊飯器に材料を入れて、スイッチをおしてね。

つくり方 （はじめにやっておくこと）

★の材料を混ぜ合わせて、30分以上おいておく。

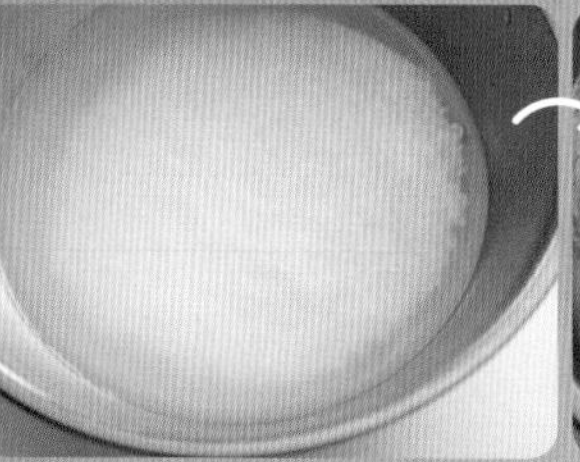

米はといでから、30分以上水につけておく。

ザルにあげて水気をきる。

（具の材料を切る）

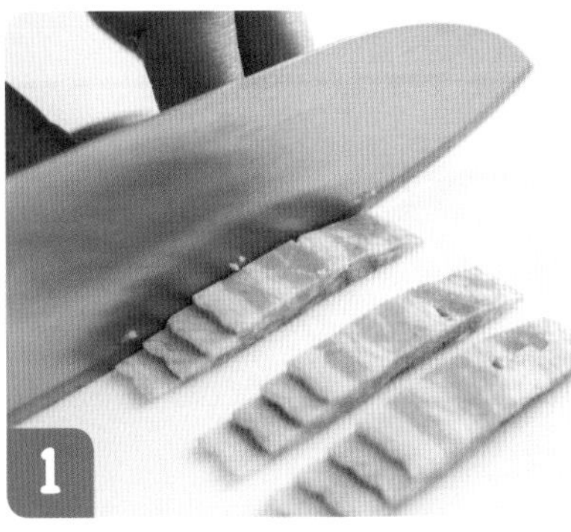

ハーフベーコンは、かさねて1cm幅に切る。

にんじんは皮をむいて、1cm角に切る。切り方は、13ページの「角切り」を見る。

しいたけは、軸を切りおとしてから薄切りにする。

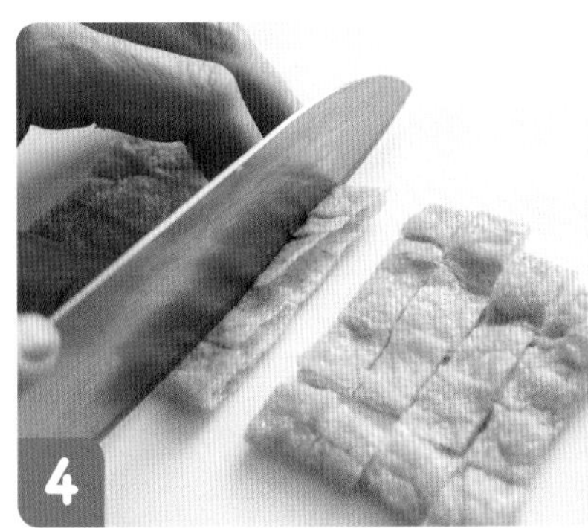

油揚げは、たてと横が1cmぐらいの四角に切る。

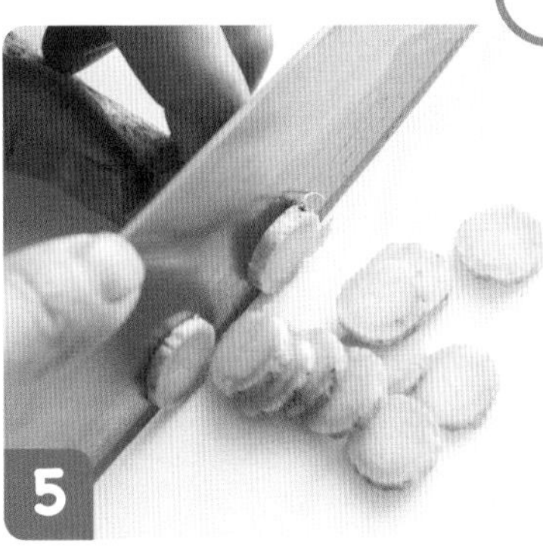

ごぼうは薄い輪切りにして、

こうすると、ごぼうが黒っぽくならないよ。

水でさっと洗う。ザルにあけて、水気をきる。

（土鍋で炊く）

炊飯器でつくるときは、この材料を全部炊飯器に入れて、スイッチをおすだけ！

土鍋に、水気をきった米と★の材料、❶から❻までの具を入れる。ふたをして、強火にかける。

蒸気が出てきたら中火にして5分煮る。つぎに弱火で15分煮る。火を消してそのまま5分おく。

（盛りつける）

しゃもじで全体をさっくりと混ぜ合わせてから、うつわに盛りつける。

サーモン巻きずし
まぐろ軍艦巻き

巻きずしと軍艦巻きは、家でもつくれるおすし。
サーモンのかわりにまぐろを使って「鉄火巻き」にしたり、
いくらを軍艦巻きにしてもいいよ。

巻きずしは、「まきす」を使わなくても
つくれる方法をおしえるね。
のりは、つるつるしたほうが表で、
ザラザラしたほうがうらだよ。

2人分の材料

あつあつのごはん…300g

★
- 酢…大さじ2と$\frac{1}{2}$
- さとう…大さじ1
- 塩…小さじ1

焼きのり…2枚

さしみ用のサーモンの
かたまり…100g

さしみ用のまぐろの
かたまり…100g

万能ねぎ…3本

ガリ…好きな量

※サーモン巻きずしが8こ、まぐろ軍艦巻きが6こできる。

※ガリは、薄切りのしょうがの甘酢漬けのこと。

つくり方（はじめにやっておくこと：酢めしをつくる）

あつあつのごはんをボウルに入れ、合わせた★の調味料を加える。

しゃもじで切るように混ぜる。巻きずしと軍艦巻きに、半分ずつ使う。

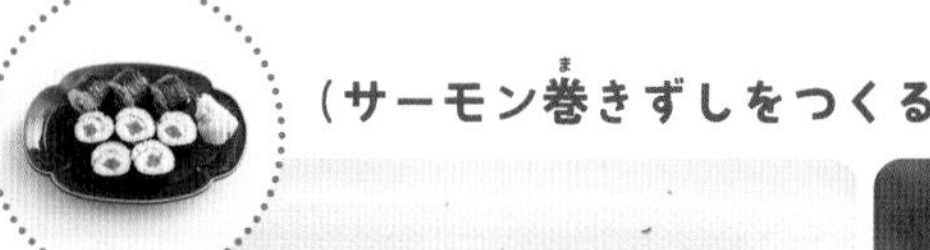

(サーモン巻きずしをつくる)

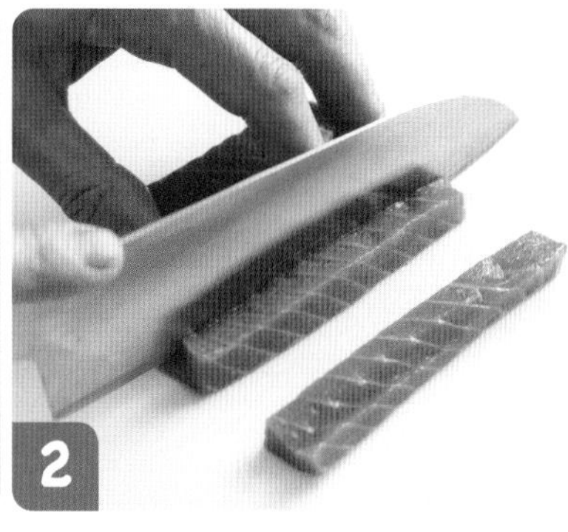

のり1枚をキッチンバサミでたて半分に切る。110ページの酢めしの半分をボウルに入れておく。

サーモンを、10cm長さぐらいの、細長いぼうに2本切る。

のりを、うらの面を上にしてまな板におく。ゆびに酢水をつけながら、酢めしを薄くのせる。

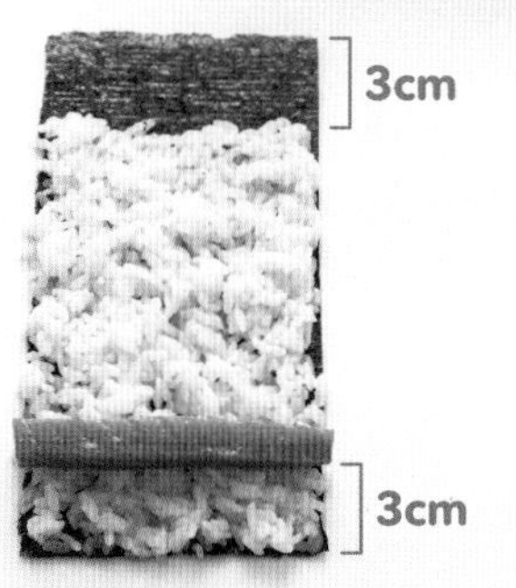

上から3cmは、酢めしをのせない。下から3cmくらいのところに、サーモンを1本のせる。

手まえののりをもちあげて、サーモンにかぶせるようにして、

くるりとひと巻きする。

しばらくおいておくと、のりと酢めしがなじんで切りやすくなるよ。

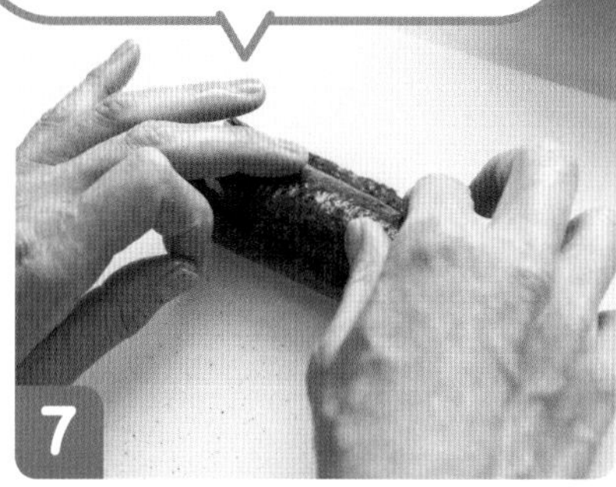

(切り分ける)

こうやって切ると、みんな同じ幅に切れるよ。

ころがしながら、最後まで巻く。そのまましばらくおいておく。もう1本も同じようにつくる。

のり巻きを、まん中から半分に切る。ぬれタオルを横におき、包丁の刃をふきながら切るとよい。

それぞれを、また半分に切る。もう1本も同じように切る。うつわに盛りつけて、ガリをそえる。

つぎのページにつづく »

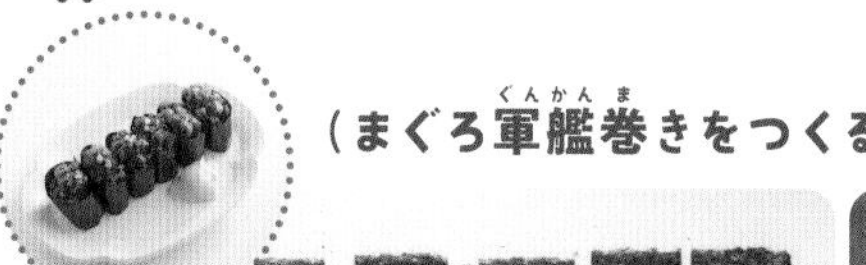

(まぐろ軍艦巻きをつくる)

のり1枚を、キッチンバサミでたて6等分に切る。

まぐろを7mm厚さくらいに切ってから、たてに細長く切る。それをまとめて、小さく切る。

万能ねぎを、3mm幅くらいに切る。

2のまぐろと3の万能ねぎを、混ぜ合わせる。

110ページののこりの酢めしを、6等分にする。酢水をつけた手で、1つずつおすしの形にする。

1ののりを、うらの面を内側にして、5に巻きつける。

はみ出たのりがはずれてしまうときは、のりがかさなる部分にごはんつぶをつけて、とめる。

巻きおわったものは、くっつけて横にならべておく。

8ののりの中に、4のまぐろを入れる。うつわに盛りつけて、ガリをそえる。

簡単ちらしずし

誕生日やひま祭りなど、お祝いのときにぴったりなおすし。
みんなでわいわいつくるのもたのしいぞ。

うなぎのかば焼きやいくらは、売っているもの使って簡単に。具の色や形、味のバランスを考えながら、きれいに盛りつけよう。

つくりやすい量の材料

あつあつのごはん…600g
からつきのえび…8本
うなぎのかば焼き…$\frac{1}{2}$本
きぬさや…8枚
たまご…2こ
いくら…20g
白ごま…大さじ1
塩…少し

サラダ油…大さじ1
酒…大さじ1

★
- 酢…大さじ5
- さとう…大さじ2
- 塩…小さじ2

◆
- さとう…小さじ1
- 塩…ひとつまみ

つぎのページにつづく »

»

つくり方（酢めしをつくる）

★の調味料を混ぜ合わせておく。あつあつのごはんをボウルに入れ、合わせた★を加える。

しゃもじでさっくり切るように混ぜる。

白ごまも加えてさっくり混ぜたら、酢めしのできあがり。

（具をつくる）

背中にある、黒っぽい糸のようなものが「背ワタ」。
とったほうが、じゃりっとしないし見た目もいいよ。

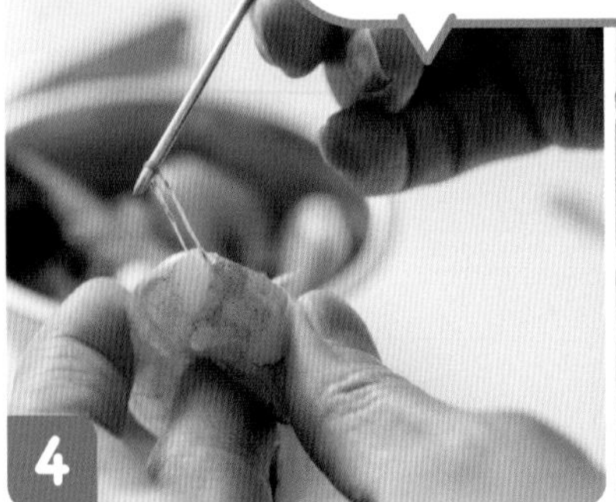

えびは、からのすきまに竹ぐしを横からさして、背ワタをひっかけてひきぬく。

お湯をわかして、塩を少し加える。そこに、えびをからつきのまま入れて3分ぐらいゆでる。

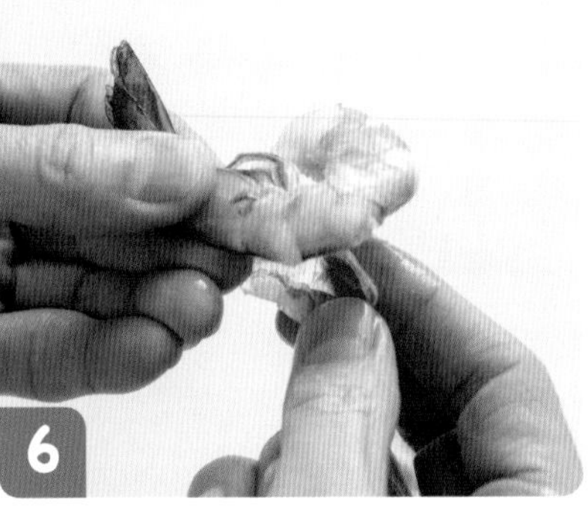

ザルにあげて水気をきり、さめたらからをむく。

うなぎのかば焼きは、お皿にのせて酒大さじ1をふりかける。

ラップをかけて、電子レンジで1分くらい温める。

たて半分に切ってから、横に1cm幅くらいに切る。

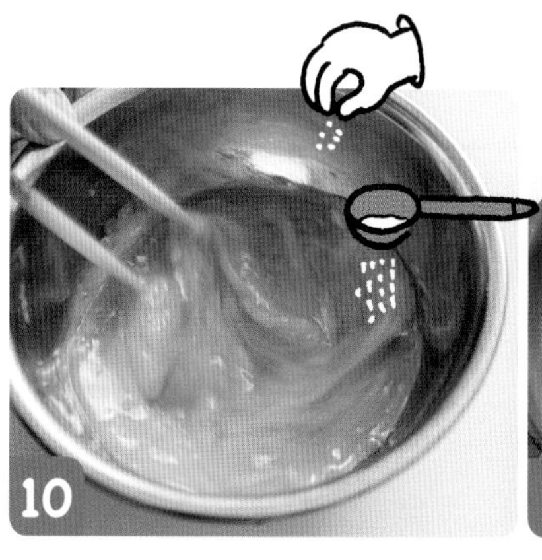

たまごはわって、ボウルに入れ、◆のさとうと塩を加えて、混ぜ合わせる。

フライパンにサラダ油大さじ1を入れて中火にかける。油が温まったら10のたまご液を入れる。

さいばしで混ぜながら、いりたまごにする。フライパンからとり出しておく。

きぬさやは、はじを少しおってスーッとひっぱり、スジをとる。

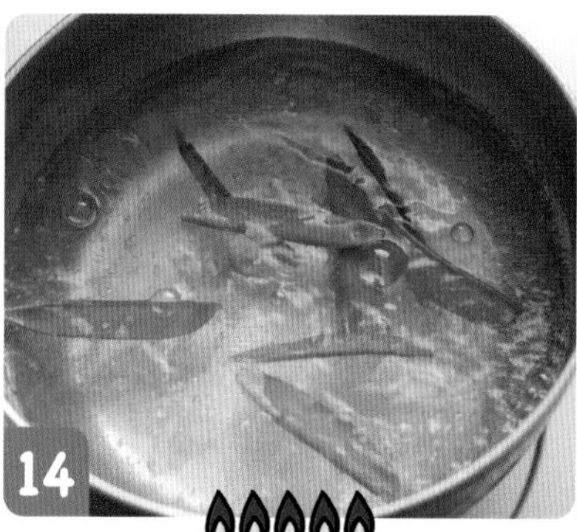

お湯をわかして、塩を少し加える。13のきぬさやを入れて、さっとゆでる。

ザルにあげてさまし、塩を少しふっておく。

（盛りつける）

うつわに3の酢めしを入れ、12のいりたまごと9のうなぎをのせる。

6のえびものせる。

15のきぬさや、いくらをきれいに盛りつける。

具だくさんうどん

具だくさんでつくると、肉や野菜から味が出て、汁もおいしくなるんだよ。栄養のバランスもいいね。

2人分の材料

ゆでうどん…2玉
鶏もも肉…150g
しめじ…$\frac{1}{2}$パック
水菜…$\frac{1}{4}$わ
1cm幅に切った
　かまぼこ…4枚
天かす…20g

★
- だし…700ml
- しょうゆ…50ml
- みりん…50ml
- さとう…大さじ$\frac{1}{2}$

※食べやすい大きさに、切って売っている鶏肉を使ってもよい。
※だしは、94ページと同じ方法でとったもの。

うどんは冷凍うどんでも、乾燥うどんをゆでたものでもOK。袋に書いてあるゆで方でゆでたものを使ってね。

つくり方 （はじめにやっておくこと）

しめじは下のかたい部分を切りおとして、

1本ずつに分ける。

水菜は根の部分を切りおとしてから、5cmに切る。

鶏肉を食べやすい大きさに切る。

（汁に具を入れて煮る）

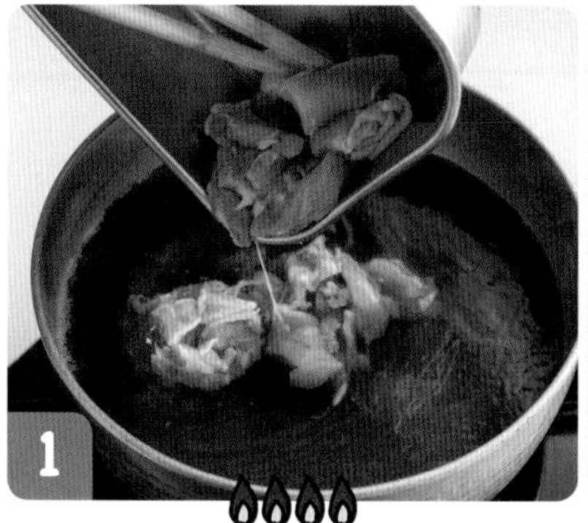

鍋に★の材料を入れて、中火にかける。鶏肉を入れる。

しめじも入れて煮る。

わいて、泡がたくさん出てきたら、少しすくってすてる。鶏肉に火がとおったら、火を消す。

（うどんをゆでる）

別の鍋にお湯をわかして、ゆでうどんを入れて、さっとゆでる。さいばしで軽くほぐす。

ザルにあけて、お湯をきる。

2つのどんぶりに、1玉分ずつ入れておく。

（具と汁をうどんにかける）

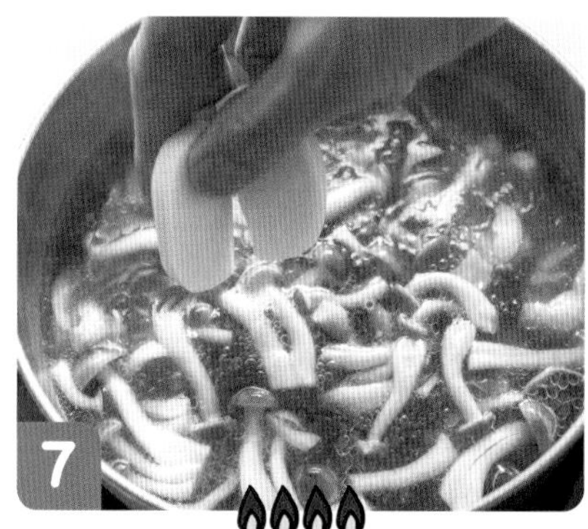

3の鍋をまた中火にかける。わいてきたら、かまぼこを入れる。

水菜も入れて、さっと煮る。

8の具と汁を、6のうどんの上に半分ずつ入れて、天かすを半分ずつちらす。

焼きうどん

野菜も肉もたっぷりだから、1品で大まんぞく。
豚肉、野菜、うどんの順に入れて、炒めていくのがポイントだよ。

豚肉に火がとおって、白っぽくなってきてから野菜を入れるよ。

2人分の材料

ゆでうどん…2玉
豚こま切れ肉…100g
キャベツ…2枚
玉ねぎ…$\frac{1}{4}$こ
しいたけ…2枚
サラダ油…大さじ2

★
だし…大さじ4
しょうゆ…大さじ2
酒…大さじ1
みりん…大さじ1

黒コショウ…少し
かつおぶし…好きな量

※うどんは冷凍うどんでも、乾燥うどんをゆでたものでもよい。
※だしは、94ページと同じ方法でとったもの。

つくり方（はじめにやっておくこと）

ゆでうどんは、117ページと同じ方法でさっとゆでて、水気をきっておく。

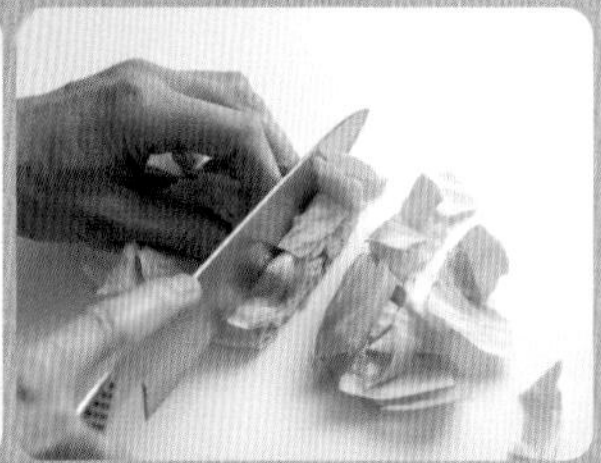

キャベツは、2枚をかさねて軽く巻いてから、ざく切りにする。

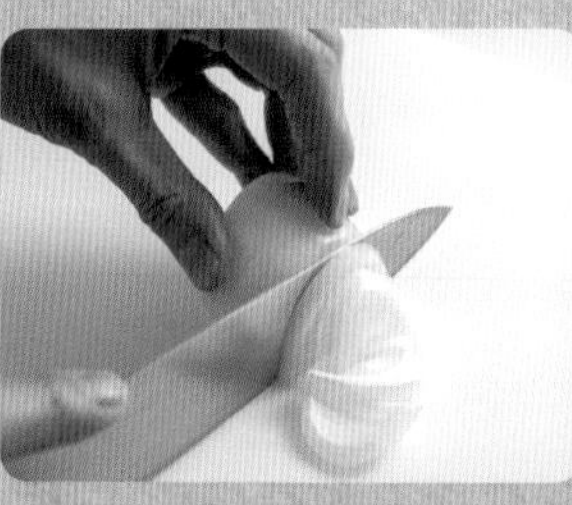

玉ねぎは、たてに薄切りにする。

しいたけは、軸を切りおとしてから薄切りにする。

（フライパンで炒めて、焼きうどんをつくる）

1

★の材料は、混ぜ合わせておく。

2

フライパンにサラダ油を入れ、中火にかける。少し温まったら、豚肉をひろげて入れる。

3

下の面が焼けたら肉をうら返す。全体が白っぽくなったらキャベツ、玉ねぎ、しいたけを加える。

4

さいばしで、全体を混ぜながら炒める。

5

野菜が少ししんなりしてきたら、ゆでうどんを入れる。

6

またさいばしで、全体を混ぜながら炒める。

7

うどんと具が混ざったら、合わせておいた★を加える。

8

またさいばしで混ぜながら、汁気がなくなるまで炒め合わせる。

9

黒コショウをふる。2つのうつわに盛りつけて、かつおぶしをかける。

なるほど！豆ちしき

人間は、どうして食べるのかな？

人間はどうして、毎日食べものを食べるのかな？ おなかがすくからかな？ そのいちばん大きな理由は、人間は、食べなければ生きていけないから。だから、必要なときにおなかがすくようにできているんだね。

人間は生きるために、たくさんの成分を必要としている。いろいろな食べものを食べて、それを体の中で、必要な成分につくりかえて使っているんだよ。たとえば、歩いたり、走ったり、体を動かしたりするときのエネルギーも、体の細胞をつくりかえたり、大きくしたりするときの材料も、みんな食べものからとっているんだ。

じゃあ、好きなものを好きなだけ食べればいいかというと、そうじゃない。どの食べものにも、人間が必要な成分が、全部同じように入っているわけじゃないからね。エネルギーになる成分はいっぱいあるけれど、体の材料になる成分は少ないとか、食べものによってちがうんだ。

栄養素のはなし

食べものにふくまれる成分のうち、人間が生きるためにとらなければならないものは、「栄養素」と呼ばれていて、大きく5つに分けられる。炭水化物、タンパク質、脂質、ミネラル（無機質ともいう）、ビタミンの5つだよ。

炭水化物を多くふくむのはごはん、パン、めん、いもなど。タンパク質を多くふくむのは肉、魚、たまご、豆腐など。脂質を多くふくむのはバター、植物油、肉の脂身など。ミネラルとビタミンは、いろいろな種類があって、いろいろな食べものにふくまれている。

このうち、おもに体をつくる材料として使われるのは、タンパク質、ミネラルなど。おもにエネルギーになるのは、炭水化物、脂質など。体のちょうしをととのえるのはビタミンやミネラルなど。

こんなふうに、栄養素の役割はいろいろある。それに栄養素は、1種類だけではうまくはたらけないんだ。いろいろな栄養素が、協力しあっているんだよ。だから人間はいろいろなものを食べる必要があるんだね。

お店で食べるみたいな、あの料理

ぎょうざやしゅうまい、チャーハン、焼きそば……。日本人が大好きなメニューだね。中華料理のお店やラーメン屋さんで食べる料理は、きっととくべつな材料や道具を使わなくちゃムリって、思ってないかな？ スーパーで買える材料といつものフライパンで、ちゃんとおいしくつくれる方法をおしえるよ！

豚肉とかにかまのパラパラチャーハン

チャーハンがパラパラにつくれたら、
ちょっとじまんしたくなるね。

1人分の材料

温かいごはん…250g

たまご…1こ

★
- 塩…小さじ$\frac{1}{5}$
- コショウ…2ふり
- しょうゆ…小さじ$\frac{1}{3}$
- オイスターソース…小さじ$\frac{1}{3}$

長ねぎ…$\frac{1}{3}$本

かにかまぼこ…5本（←75g）

豚こま切れ肉…90g

◆
- コショウ…2ふり
- 塩…少し
- しょうゆ…小さじ$\frac{1}{5}$

缶詰のグリンピース…20つぶ

サラダ油…小さじ2

最後に入れるしょうゆ…小さじ$\frac{1}{3}$

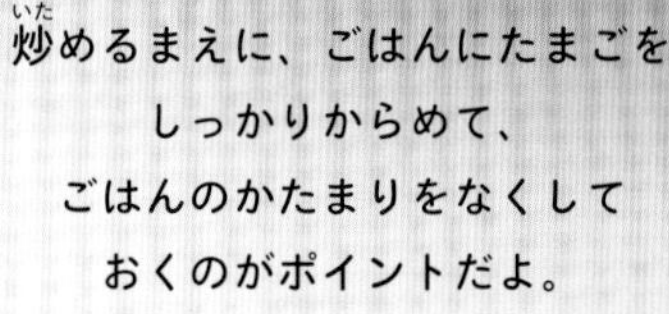

つくり方（はじめにやっておくこと）

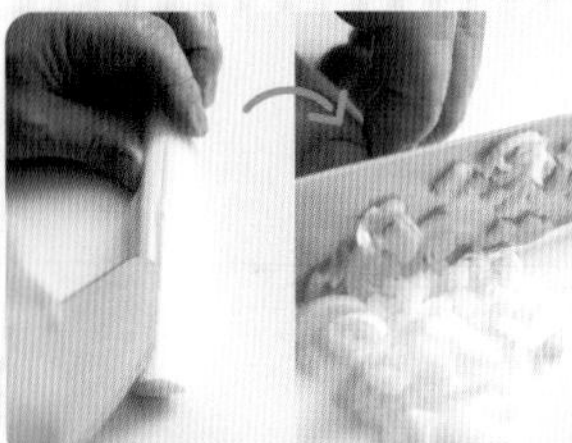

長ねぎは、同じ幅をあけてたてに4本切り目を入れ、5mm幅に切る。

かにかまぼこは、1cm幅に切る。

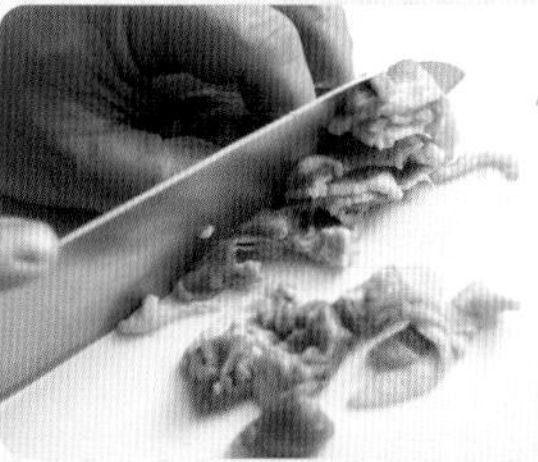

豚肉は、1cm幅ぐらいに切る。

◆の調味料をかけて、手でもむ。

（ごはんにたまごをからめて炒める）

温かいごはんをボウルに入れて、たまごと★の調味料を入れて、さいばしで混ぜる。

のこっているごはんのかたまりを、ヘラなどでほぐして、全体を同じ状態にしておく。

フライパンにサラダ油小さじ2を入れて、中火にかける。2のごはんを入れて、炒める。

（具を炒めてごはんと合わせる）

たまごに火がとおって、ごはんにつやがなくなってきたら、いったんボウルにとり出しておく。

ごはんをとり出したあとのフライパンに、豚肉を入れて、中火で炒める。

豚肉が白っぽくなってきたら、かにかまぼこを入れて炒める。

豚肉とかにかまぼこに焼き目がついてきたら、4のごはんをもどして炒める。

全体が混ざったら、長ねぎとグリンピースも入れる。全体に混ざるように炒める。

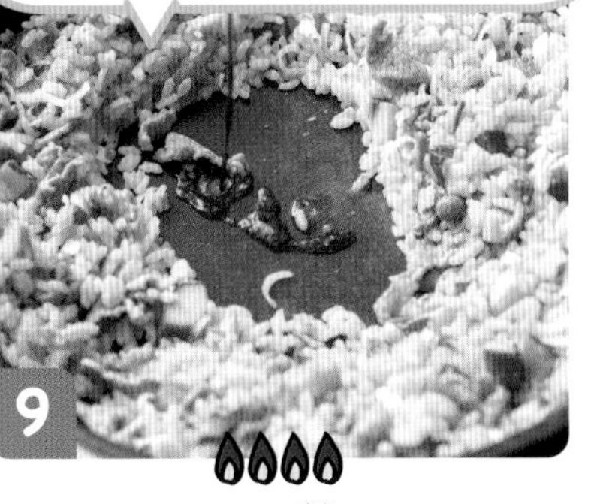

フライパンのまん中をあけて、しょうゆを入れて、全体を混ぜ合わせる。うつわに盛る。

あんかけチャーハン

この「あん」は、とろみをつけた汁のこと。
パラパラのたまごチャーハンと、
とろとろのあんの組み合わせがおいしい！

ごはんに黄身だけからめて炒めると、
チャーハンがもっとパラパラになるよ。
あんかけチャーハンには、これがぴったり。

1人分の材料

温かいごはん…250g
たまご…2こ
★塩…小さじ$\frac{1}{5}$
★コショウ…2ふり
★しょうゆ…小さじ$\frac{1}{3}$
★オイスターソース…小さじ$\frac{1}{3}$
サラダ油…小さじ2

あんの材料

鶏のスープ…300mℓ
白菜…2枚
にんじん…40g
かにかまぼこ…4本(←60g)
◆酒…大さじ1
◆さとう…小さじ$\frac{1}{2}$
◆塩…小さじ$\frac{1}{3}$
◆コショウ…2ふり
水どきかたくり粉…大さじ1と$\frac{1}{2}$

※鶏のスープは、粉の鶏がらスープのもとを、水でといたもの。
※水どきかたくり粉は、かたくり粉と水を、同じ量ずつ混ぜ合わせたもの。

つくり方（はじめにやっておくこと）

白菜の白い芯のほうは、たてに1cm幅に切ってから、横に1cm幅に切る。

白菜の緑の葉のほうも、芯と同じくらいに切る。

にんじんは、140ページと同じようにしてみじん切りにする。

かにかまぼこは、1cm幅くらいに切る。

（たまごチャーハンをつくる）

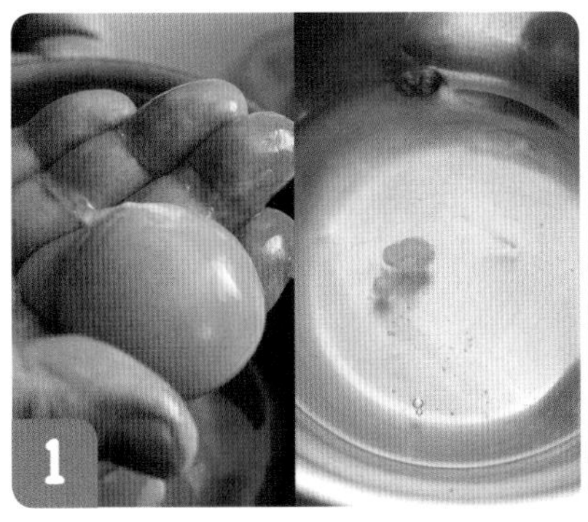

たまごをわって、ボウルに出す。手で黄身をこわさないようにとり出して、白身と分けておく。

温かいごはんをボウルに入れ、1の黄身と★を入れて、全体が同じ状態になるまで混ぜる。

4本のさいばしで、ぐるぐる混ぜながら炒めると、パラパラにしあがるぞ。

フライパンにサラダ油小さじ2を入れて、中火にかける。2のごはんを入れて、炒める。

（あんをつくってかける）

たまごに火がとおって、ごはんにつやがなくなってきたら、うつわに盛りつけておく。

フライパンに鶏のスープを入れ、中火でわかす。かにかまぼこ、にんじん、白菜の芯を入れる。

わいたら◆の調味料を入れて、白菜の葉のほうを入れる。

またわいてきたら、水どきかたくり粉を入れて混ぜる。

1の白身をさいばしで切るように混ぜて、7に細くたらしながら、フライパンの中を混ぜる。

白身が白くなってきたら、あんのできあがり。4のたまごチャーハンにかける。

焼きそば

おいしい焼きそばのつくり方を、とくべつにおしえるよ！
いつものつくり方とは、たぶんちょっとちがうぞ。

めんを先に焼いておいて、あとでスープをすわせるのがポイント。こうすると全体に味がついて、めんがしっとりしあがる。

2人分の材料

- 焼きそばのめん…2玉
- ★
  - しょうゆ…小さじ1
  - 酒…大さじ1
- キャベツ…100g
- にんじん…40g
- 玉ねぎ…60g
- ピーマン…1こ
- 豚こま切れ肉…150g
- ◆
  - 塩…小さじ$\frac{1}{4}$
  - コショウ…2ふり
  - しょうゆ…小さじ$\frac{1}{5}$
  - 酒…大さじ1
- ♥
  - 鶏のスープ…80㎖
  - 酒…大さじ1
  - しょうゆ…大さじ1
  - オイスターソース…大さじ1
  - 塩…少し
  - コショウ…少し
- サラダ油…大さじ1

※鶏のスープは、粉の鶏がらスープのもとを、水でといたもの。

つくり方（はじめにやっておくこと）

キャベツは5cm長さ、1cm幅に切る。にんじんは、細切りにする。

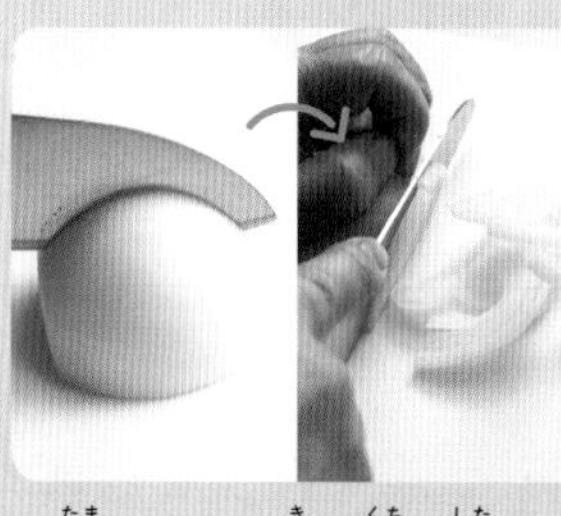

玉ねぎは、切り口を下にしてたてに1本切り目を入れ、横に薄切りにする。

ピーマンは、たてに切り目を入れてヘタと種をとる。たてに細切りにする。

豚肉は2cm幅に切り、◆の調味料をまぶして、手でもんでおく。

（焼きそばのめんを焼く）

1. 焼きそばのめんをバットにおいて、★のしょうゆと酒を全体にかける。

2. フライパンにサラダ油大さじ1を入れて、中火にかける。1のめんを入れる。

焼きそばはほぐさないで、これぐらいしっかり焼いておくよ。

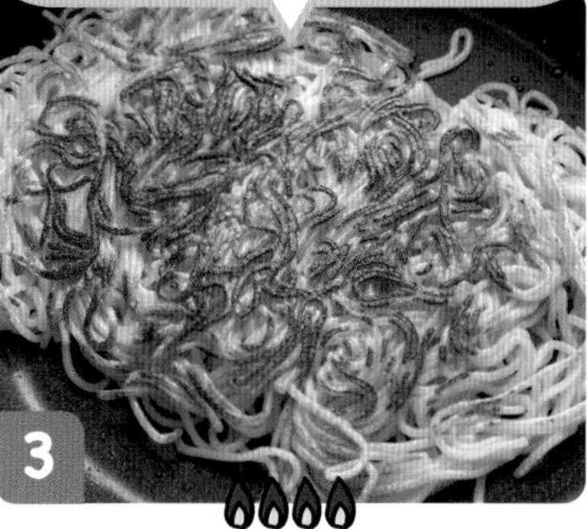

3. 下の面に焼き色がついたら、フライ返しでうら返す。うらも同じくらい焼き、とり出しておく。

（焼きそばをつくる）

4. めんをとり出したあとのフライパンに豚肉を入れて、中火で炒める。

5. 豚肉の色が白っぽくなったら、にんじん、玉ねぎ、キャベツ、ピーマンを入れて炒める。

6. 全体に混ざったら、♥の材料を入れる。

ここでは野菜に火がとおっていなくてもいいよ。わかすことが大事。

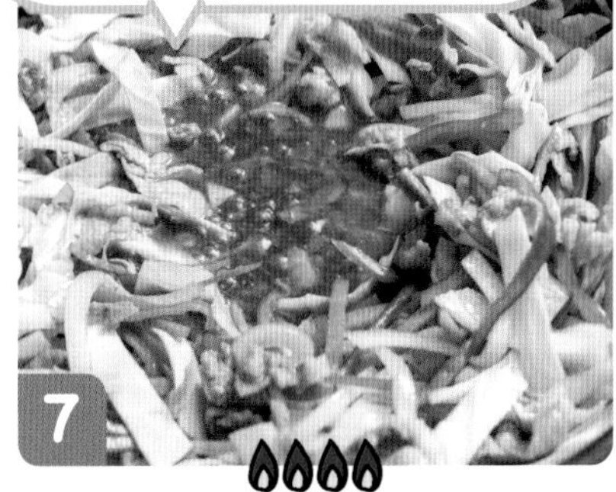

7. 汁が軽くわいたら、

8. 3のめんをもどす。

めんをむりにほぐさなくても、自然にほぐれる。できあがったらうつわに盛りつけよう。

9. 下の具をめんにのせるようにして、全体を混ぜる。めんが水分をすって、全体が混ざればいい。

レッツトライ！

鶏のスープをつくってみよう

ラーメンや、いろいろな中華料理をつくるときに使う鶏のスープは、日本料理の、「だし」と同じ役割をするもの。お店に売っている粉の「鶏がらスープのもと」を水にとかしてもいいけれど、自分でつくることもできるんだ。おいしいスープがとれるよ。

つくりやすい量の材料

水…2ℓ

鶏手羽…10本

長ねぎの白い部分…1本

しょうが…1かたまり

酒…大さじ1

※600㎖ぐらいのスープがとれる。

＼できあがり！／

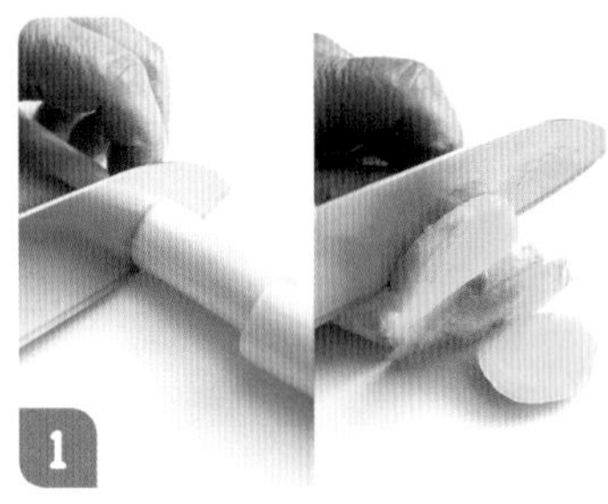

1 長ねぎの白い部分は、5cm長さに切る。しょうがは、5mm厚さに切る。

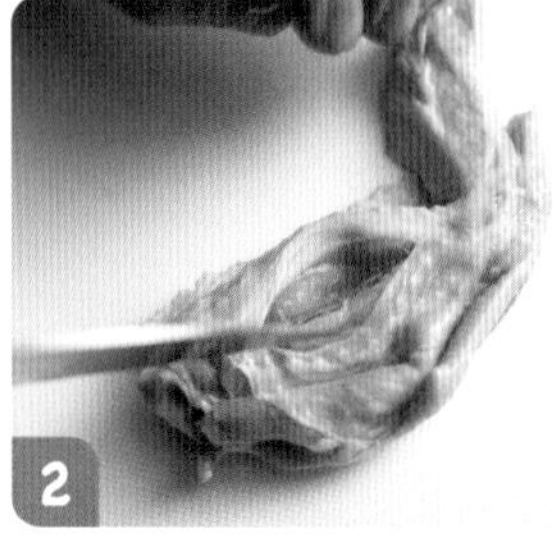

2 鶏手羽は、味が出やすいように、包丁でまん中に切り目を入れておく。

3 鍋に水2ℓ、1の長ねぎとしょうが、2の鶏手羽を入れて、強火にかける。

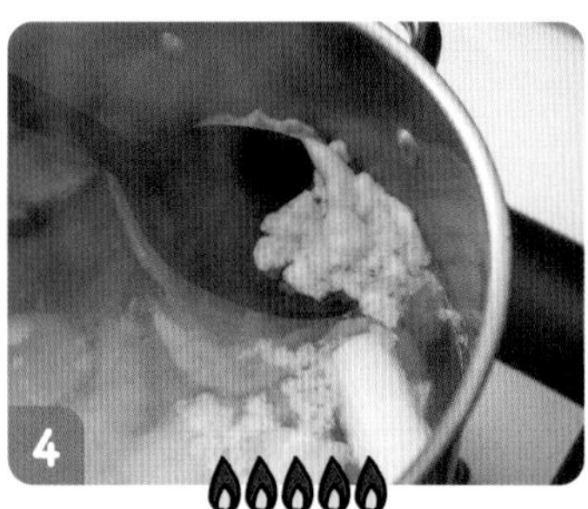

4 わいたら、モコモコと出てくるアクをすくってすてる。

5 火を弱火にする。ふたをしないで1時間くらい煮る。

6 鶏手羽、しょうが、長ねぎをとり出す。

※この鶏手羽もおいしいので、好きな味つけをして食べるといい。

レッツトライ!

ラーメンのトッピングをつくろう

家でラーメンを食べるとき、みんなはなにをのせているかな? メンマやハム、長ねぎやほうれん草? いつも同じだなぁと思っていたら、上にのせるトッピングだけ自分でつくってもいいね。この2つは、おすすめだよ。

1 味つけたまご

つくりやすい量の材料

たまご…5こ

★
- しょうゆ…大さじ2
- 酒…大さじ1
- みりん…大さじ1
- さとう…小さじ1

2 味つけ豚肉

つくりやすい量の材料

薄切りの豚ばら肉…4枚

◆
- さとう…小さじ$\frac{1}{3}$
- 酒…大さじ1
- しょうゆ…大さじ1
- オイスターソース…大さじ1
- みりん…大さじ1

＼できあがり!／

1 味つけたまご

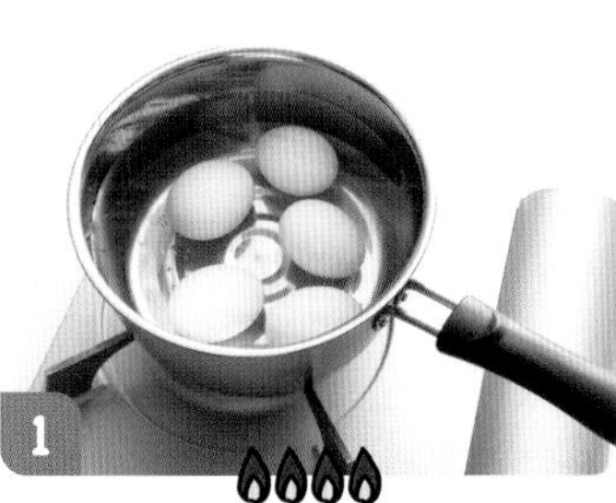

1 鍋にたまごと水を入れて、強火にかける。わいたら中火にし、7分ゆでる。

2 氷水につけてよく冷やしてから、かたいところにあててひびを入れ、からをむく。

3 ★を混ぜ合わせてビニール袋に入れ、2のたまごを入れて袋をとじる。1時間以上おく。

2 味つけ豚肉

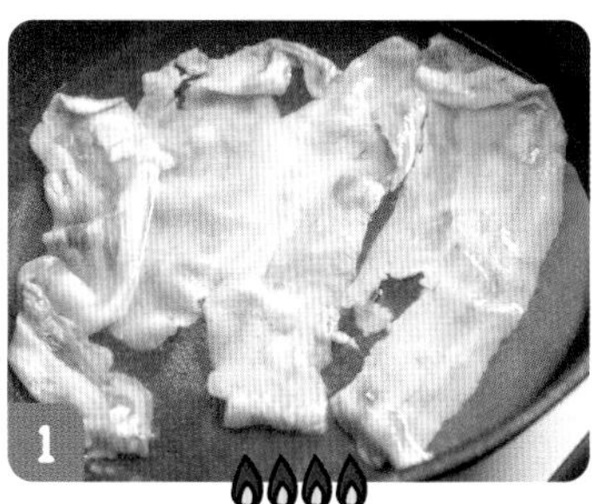

1 フライパンに水を2cmくらい入れて中火にかける。わいたら豚肉を入れてさっとゆでる。

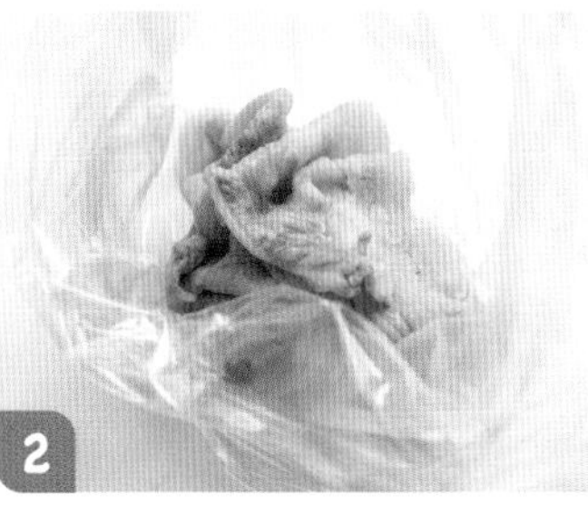

2 豚肉に火がとおり白っぽくなったら、お湯からあげて水気をきる。ビニール袋に入れる。

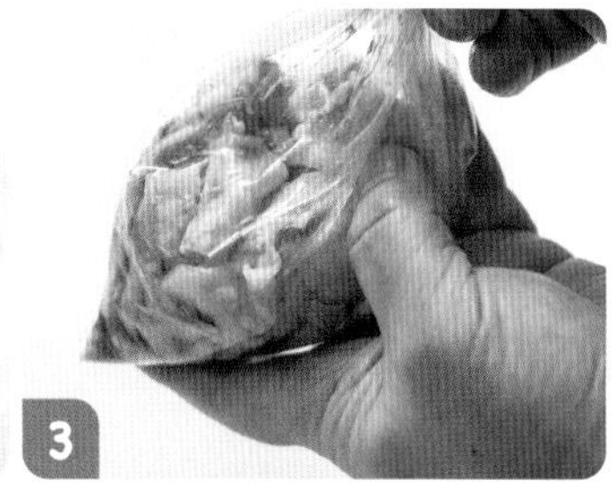

3 ◆を混ぜ合わせて2に入れ、袋をとじて上から少しもむ。1時間以上おく。

しょうゆラーメン

自分でスープの味つけをして、トッピングもつくったら、
しょうゆラーメンもひと味ちがうぞ。
まるでプロのラーメン屋さんになったみたいだね。

129ページの味つけたまごや味つけ豚肉は、このしょうゆラーメンにぴったり。もちろん、売っているメンマやハムをのせてもOK。

1人分の材料

- ラーメンのめん…1玉
- 鶏のスープ…300mℓ
- ★
  - 塩…4g
  - しょうゆ…大さじ1
  - オイスターソース…小さじ1
  - ごま油…小さじ$\frac{1}{2}$
- ほうれん草…好きな量
- 129ページの味つけたまご…1こ
- 129ページの味つけ豚肉…2枚

※鶏のスープは、128ページのようにしてとったもの。
※鶏のスープは、売っている粉の鶏がらスープのもとを水にといて使ってもよい。そのときは塩の量を3gにする。

つくり方（トッピングを用意する）

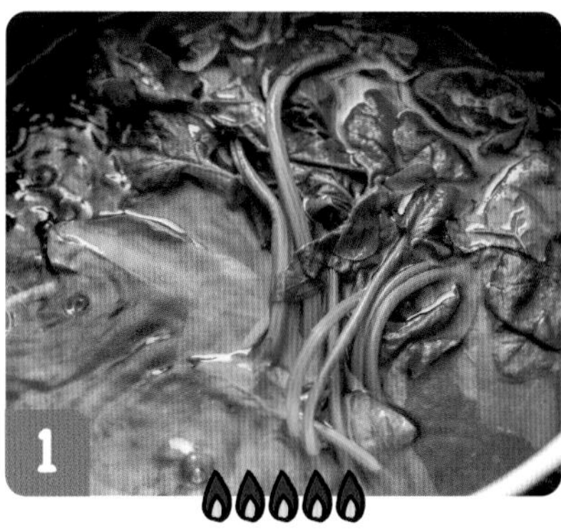

1 ほうれん草をゆでて、ザルにあげて水気をきる。

2 1がさめたら、そろえて水気をしぼり、5cm長さに切る。

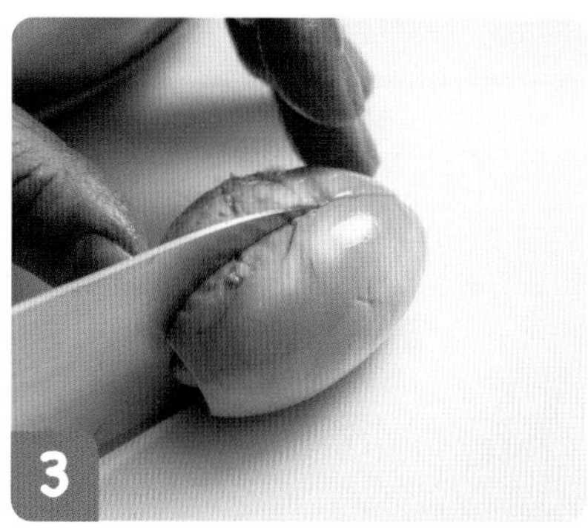

3 味つけたまごはたて半分に切る。

4 切ったところ。黄身が流れおちないように、気をつける。

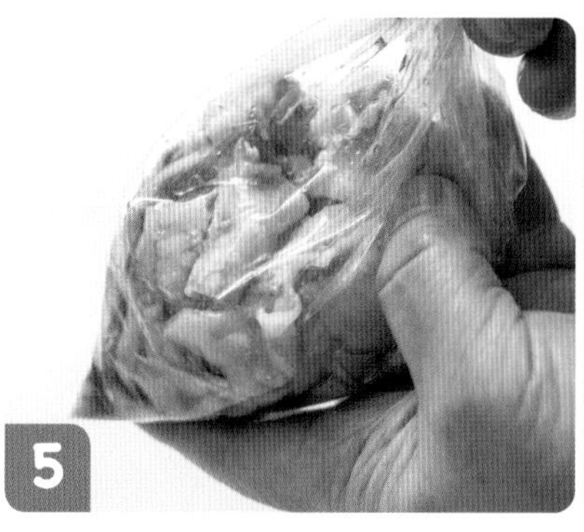

5 味つけ豚肉は、袋から2枚とり出しておく。

（しょうゆラーメンをつくる）

6 鶏のスープ300㎖を鍋に入れて火にかけ、★の調味料を加える。

7 別の鍋にお湯をわかし、ラーメンのめんをゆでる。ザルにあけて、水気をきる。

8 6のスープが熱くなったら、どんぶりに入れる。

9 7のめんを入れて、トッピングのほうれん草、味つけたまご、味つけ豚肉をのせる。

塩ラーメン

上にのせるのは、自分でつくるサラダチキン。
サラダチキンをつくったあとのスープには、
おいしい味がたくさん出てるから、これをラーメンに使うよ。

やわらかくておいしいサラダチキンをつくるには、
グツグツ煮ないのがポイント。
スープにのこった熱で、ゆっくり火をとおすんだ。

1人分の材料

ラーメンのめん…1玉
ほうれん草…好きな量

つくりやすい量のサラダチキンの材料

鶏むね肉…1枚（←300g）
★ 塩…9g
★ コショウ…2ふり
★ 酒…大さじ1
鶏のスープ…600mℓ

◆ さとう…小さじ$\frac{1}{4}$
◆ コショウ…2ふり

※鶏のスープは、128ページのようにしてとったもの。
※鶏のスープは、売っている粉の鶏がらスープのもとを水にといて使ってもよい。そのときは鶏肉にもみこむ塩の量を8gにする。
※サラダチキンは、つくりやすい分量なので多めにできる。

つくり方（はじめにやっておくこと：サラダチキンをつくる）

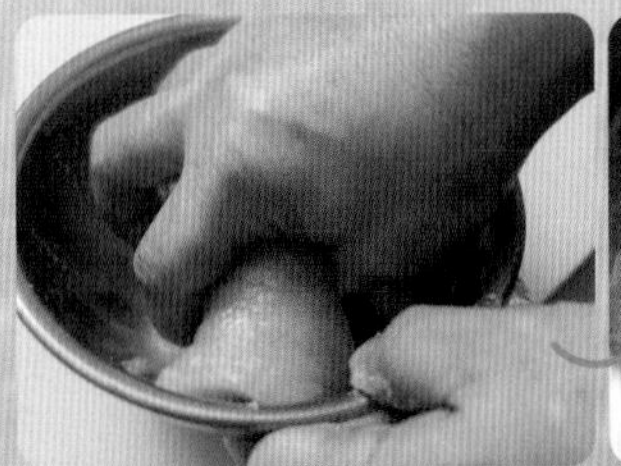

鶏肉は3つに切り分ける。ボウルに入れて★の調味料を加えてよくもむ。

肉はうごかさなくていいよ。

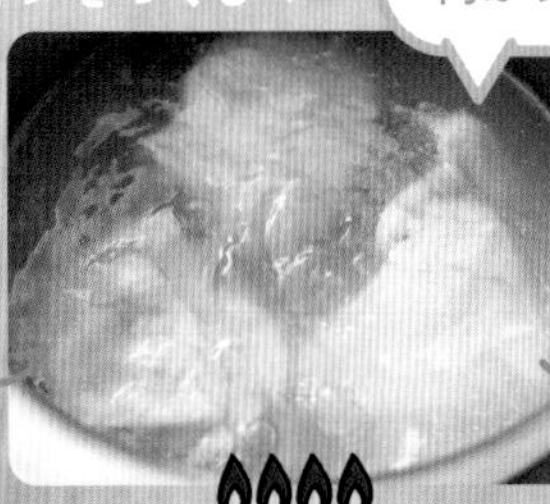

鍋に鶏のスープ600mℓを入れてわかす。鶏肉を入れて、中火にする。

またわいたら火をとめて、鍋にラップかふたをする。そのまま20分おく。

できあがり。切ってそのまま食べても、ほかの料理に使ってもいい。

つくり方（トッピングを用意する）

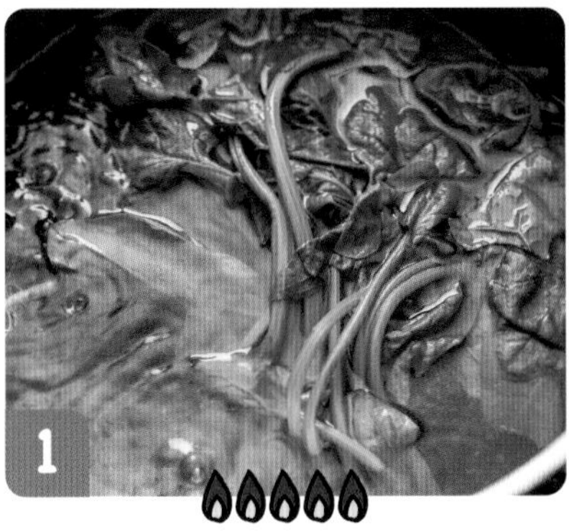

1 ほうれん草をゆでて、ザルにあげて水気をきる。

2 1がさめたら、そろえて水気をしぼり、5cm長さに切る。

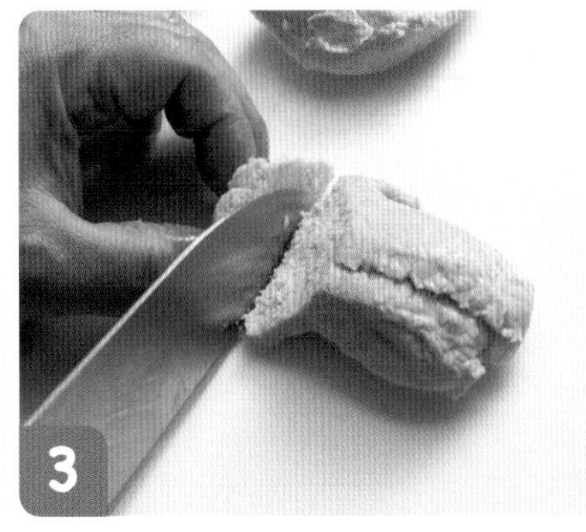

3 使いたい量のサラダチキンをスープからとり出して、食べやすい大きさに切る。

（塩ラーメンをつくる）

4 サラダチキンをつくったあとのスープ300mℓを鍋に入れ、中火にかける。◆を加える。

5 別の鍋にお湯をわかし、ラーメンのめんをゆでる。ザルにあけて、水気をきる。

6 4のスープが熱くなったら、どんぶりに入れる。

7 5のめんを入れて、トッピングのサラダチキンとほうれん草をのせる。

かにたま

本もののかにのかわりに、かにかまぼこを使っても、
すごくおいしいかにたまがつくれるよ。

2人分の材料

かにかまぼこ…100g
長ねぎ…$\frac{1}{2}$本
たまご…3こ
缶詰のグリンピース
…好きな量

★
- 酒…大さじ2
- 塩…小さじ$\frac{1}{4}$
- コショウ…2ふり
- しょうゆ…小さじ$\frac{1}{3}$

サラダ油…大さじ2

少し多めの油を、しっかり
熱くしておいてから、たまご液を入れること。
これが、ふわっとした
かにたまをつくるポイントだよ。

つくり方（はじめにやっておくこと）

中の部分は、お家の人にたのんで、
ほかの料理に使ってもらおう。

長ねぎはたてに1本切り目を入れて、中の部分をとり出す。外側だけ使う。

外側の白い部分をひらいて、半分におりたたむ。

こうすると、長くても
食べやすいねぎになる。

右上の角から、ななめに細く切っていく。

かにかまぼこは、たてに細くほぐす。

フライパンでかにたまをつくる

白身と黄身が、完全に混ざっていないほうが、焼いたときにいい香りが出るんだ。

1 たまごをわって、ボウルに出す。★の調味料を入れて、さいばしで混ぜる。

2 フライパンを中火にかけて、油は入れずに、長ねぎを入れる。

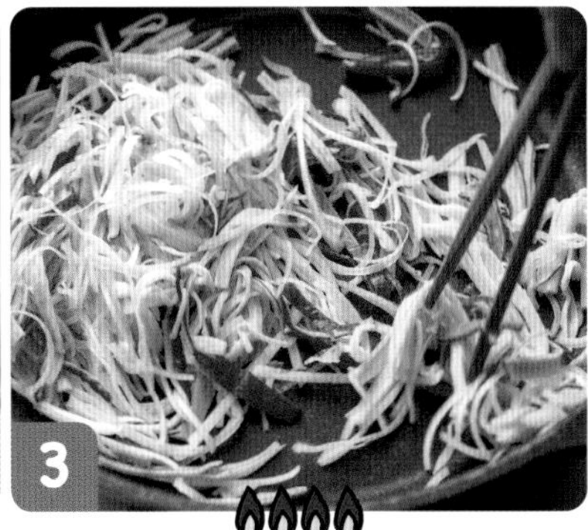

3 かにかまぼこも入れる。さいばしで混ぜて、ねぎのいい香りがしてしんなりするまで炒める。

入れたときに、ジュッと音がしたかな？

4 1のたまご液に3を入れ、グリンピースも入れて、軽く混ぜる。

5 フライパンを強めの中火にかけて、サラダ油を入れる。油がしっかり温まったら、4を入れる。

6 火にかけながら、ヘラでゆっくり大きくかき混ぜていく。

7 これくらいになったら、うつわに盛りつける。

えびのケチャップ煮

「えびちり」みたいだけど、
とうがらしは入っていないから、からくないよ。

2人分の材料

大きいえび…8本（←160g）

★
- 塩…小さじ$\frac{1}{5}$
- コショウ…2ふり

酒…大さじ1と$\frac{1}{2}$

かたくり粉…好きな量

レタス…好きな量

サラダ油…小さじ1

ケチャップ…大さじ2と$\frac{1}{2}$

鶏のスープ…80mℓ

◆
- 塩…小さじ$\frac{1}{5}$
- さとう…小さじ$\frac{1}{3}$
- コショウ…少し
- オイスターソース…小さじ$\frac{1}{3}$
- 酢…大さじ$\frac{1}{2}$

水どきかたくり粉…小さじ$\frac{2}{3}$

最後に入れるサラダ油…小さじ$\frac{1}{4}$

※えびは、しっぽをのこしてからをむき、背中に切り目を入れて、背ワタをとったもの。背ワタの説明は、114ページ。

※えびは、水で洗って、水気をとっておく。

※鶏のスープは、売っている粉の鶏がらスープのもとを、水でといたもの。

※水どきかたくり粉は、かたくり粉と水を、同じ量ずつ混ぜ合わせたもの。

最初にえびにしっかり味をからめて、
水分をすわせておくことが、
えびをおいしくしあげる
ポイントだよ。

つくり方

（はじめにやっておくこと）

レタスの葉をかさねる。上からおして少したいらにして、せん切りにする。

えびに味をつけてゆでる

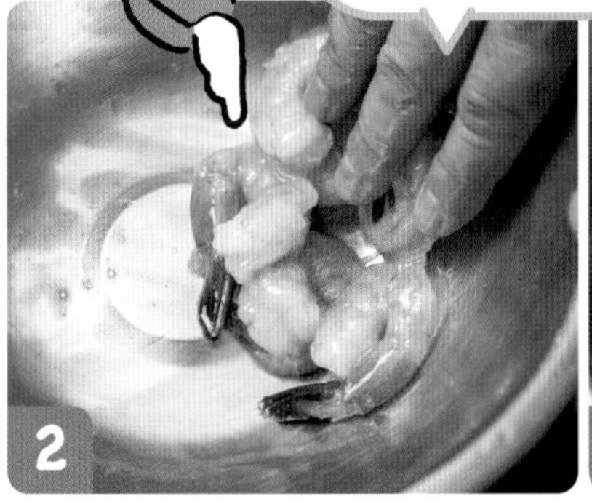

えびをボウルに入れる。★の塩とコショウを加えて、ねばりが出るまで、手でよく混ぜる。

酒を入れる。手でまたよく混ぜて、えびに酒をすわせる。

かたくり粉を入れて、またよく混ぜる。

ケチャップ煮をつくる

フライパンに水を2cmぐらい入れて、中火にかける。わいたら、えびを1本ずつ入れる。

もういちどわいたら、ザルにあけて、水気をきる。

フライパンにサラダ油小さじ1を入れて、中火にかける。ケチャップを入れて、少し炒める。

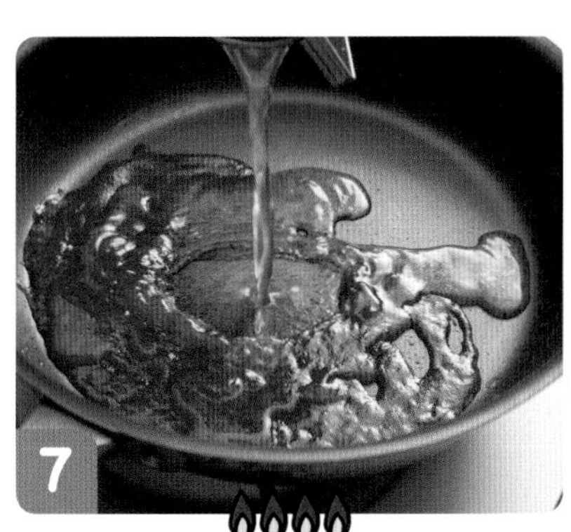

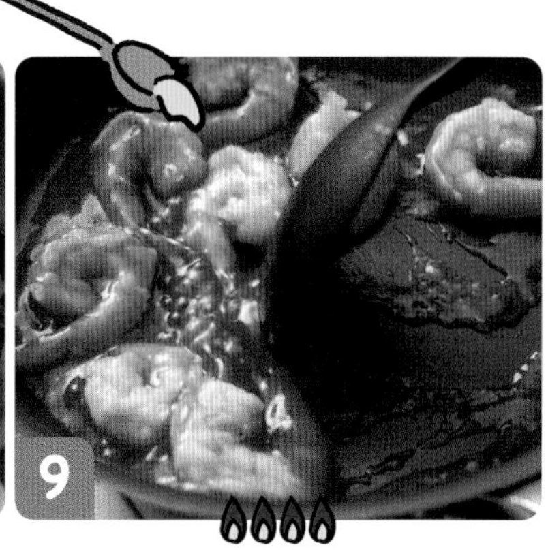

鶏のスープを入れて、◆の調味料も入れて混ぜる。

5のえびを入れる。水どきかたくり粉を入れて、混ぜる。

つやを出すために、サラダ油を入れて混ぜる。レタスといっしょに、うつわに盛りつける。

焼きぎょうざ

中身にしっかり味をつけておくと、
食べるときにしょうゆをたくさんつけなくていいから、
肉のおいしさが味わえるよ。

あんをつくるときに、よく混ぜること。
焼くときは、はじめに油をひかない。
わいたお湯を入れる。
ならべてから火にかける。
ポイントが多いぞ！

16こ分の材料

豚ひき肉…180g
キャベツ…150g
しょうが…10g
★
- 塩…小さじ$\frac{1}{2}$
- コショウ…2ふり
- しょうゆ…小さじ$\frac{2}{3}$
- オイスターソース…小さじ1

酒…大さじ1
みかんゼリー…大さじ4
かたくり粉…大さじ1と$\frac{1}{3}$
ぎょうざの皮…16枚
サラダ油…小さじ$\frac{1}{2}$

※みかんゼリーを入れるのは、とろみと甘みをつけるため。
※ぎょうざの皮についている粉は、軽くはたき落としておく。

みかんゼリー

この「あん」は、ぎょうざの中身のこと。

つくり方（はじめにやっておくこと：あんをつくる）

キャベツはあらいみじん切りに、しょうがは皮をむいてみじん切りにする。

ボウルに豚ひき肉と★の調味料を入れ、ねばりが出るまで手でよく混ぜる。

酒とみかんゼリーを加えて、手でまたよく混ぜる。

かたくり粉を入れて、よく混ぜる。キャベツとしょうがを入れて混ぜる。

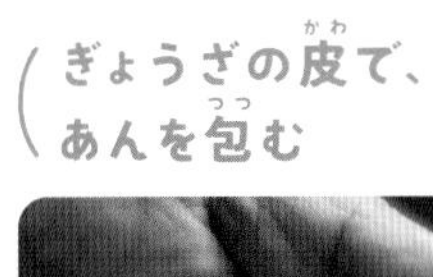

ぎょうざの皮で、あんを包む

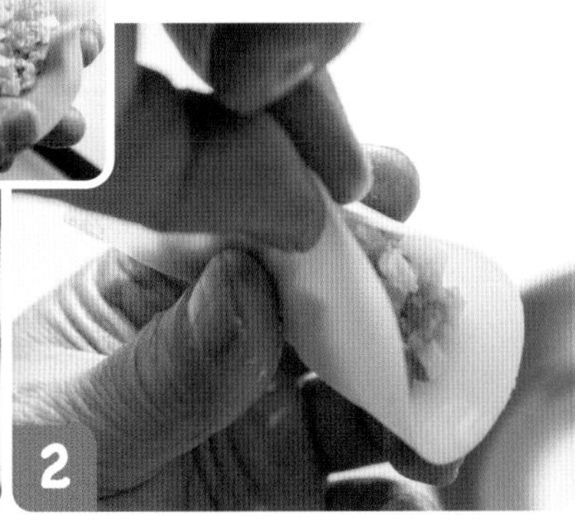

1 ぎょうざの皮のまん中に、あんを大さじ1ぐらいのせる。皮のまわりにぐるっと水をつける。

2 半分におり、皮のまん中を合わせて、ゆびではさんでくっつける。そこを右手でつまんでもつ。

3 左側の皮の下を左手の人差しゆびでおしあげ、ゆび先側の皮を浮かせて、まん中にもってくる。

これは反対側から見たところだよ。

のこりも全部、同じ方法でつつむよ。

4 まん中で、ぎゅっとつまんでくっつける。

5 左側の皮のふちを、軽くゆびではさみながらとじる。

6 ぎょうざを左手にもちかえて、右側の皮も、左と同じようにまん中によせてから、ふちをとじる。

（ぎょうざを焼く）

この油は、焼き色をつけるため。

フライパンにたいらなお皿をかぶせてひっくり返すか、フライ返しでとり出す。

7 くっつきにくいフライパンに6をならべ、お湯を120mℓ入れて中火にかけ、ふたをする。

8 6分から7分焼いて、水分がなくなってきたら、まわりにサラダ油小さじ$\frac{1}{2}$をぐるっと入れる。

9 はじだけをぐるっとスプーンではがして見て、いい色に焼けていたら、うつわに盛りつける。

玉ねぎにかたくり粉をまぶして、玉ねぎの水分を中にとじこめるのがポイントだよ。

15こ分の材料

豚ひき肉…180g
玉ねぎ…60g
にんじん…40g

★
みじん切りにしたしょうが…小さじ$\frac{1}{2}$
さとう…小さじ$\frac{1}{3}$
塩…小さじ$\frac{1}{4}$
しょうゆ…小さじ$\frac{1}{3}$
オイスターソース…小さじ$\frac{1}{3}$
コショウ…2ふり
酒…大さじ1

かたくり粉…大さじ1と$\frac{1}{2}$
しゅうまいの皮…15枚
缶詰のグリンピース…15つぶ

しゅうまい

これも、「あん」の混ぜ方が大事。
つつみ方は、簡単な方法をおしえるよ。

つくり方（はじめにやっておくこと）

ゆっくりでいいから、なるべくつぶさないように切ろう。つぶすと水分が出ちゃうぞ。

玉ねぎは、薄切りにしてから、みじん切りにする。

にんじんは皮をむき、薄い輪切りにする。

細切りにして、

みじん切りにする。

（あんをつくる）

この「あん」は、しゅうまいの中身のこと。

1 ボウルに豚ひき肉と★の材料を入れて、ねばりが出るまで手でよく混ぜる。

2 別のボウルに玉ねぎとにんじんを入れて、かたくり粉を加える。

3 全体にかたくり粉がつくように、手で混ぜてまぶす。

ここでしっかりと、ねっておくのが大事。

（しゅうまいの皮であんをつつむ）

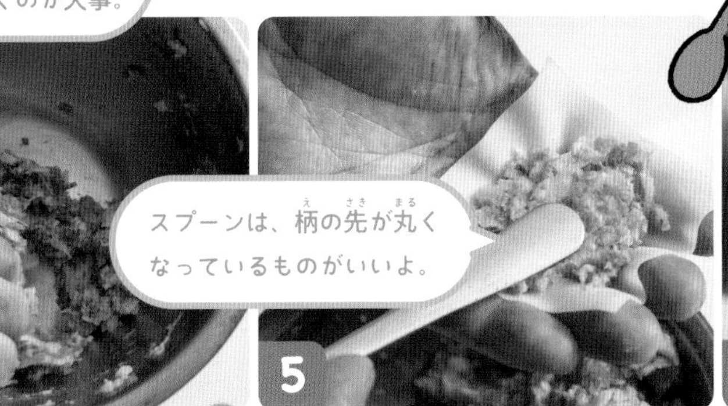

4 1のひき肉のボウルに、3を入れて混ぜる。

5 しゅうまいの皮のまん中に、4のあんを20gぐらいのせて、まん中に、スプーンの柄をのせる。

6 ゆっくりスプーンを立てながら、あんをのせた皮を、上にもってくる。

ちからを入れすぎないようにね！

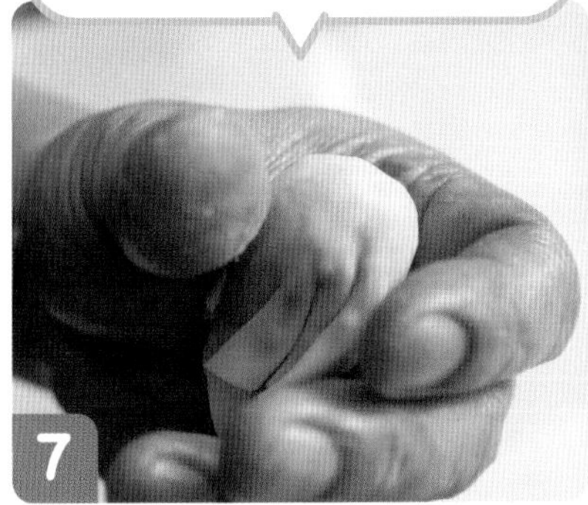

7 皮の上からやさしくにぎって、しゅうまいの大きさにする。

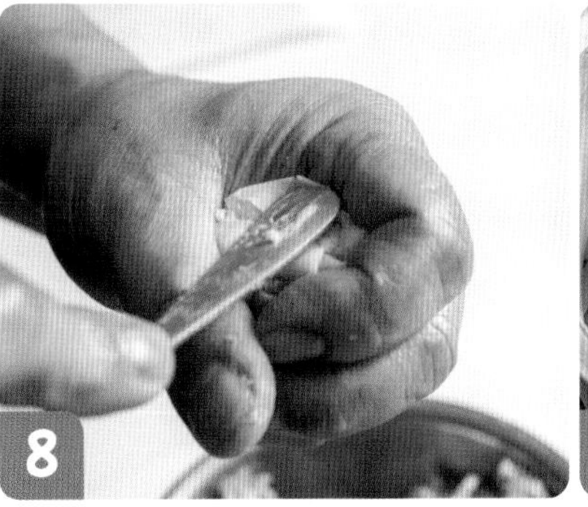

8 スプーンをぬいて、上にとび出た皮をおってたいらにし、まん中にグリンピースを1こ入れる。

湯気でやけどしないように、気をつけてね。

9 お湯をわかした蒸し器に入れて、ふたをして8分ぐらい蒸す。

鶏のスープは、鶏がらスープのもとを
水でとかしたものでいいよ。
自分でつくるなら、128ページを見てね。

コーンのスープ

チャーハンにも、焼きそばにも、
なんにでも合うスープだよ。
缶詰のクリームコーンを使うから、簡単！

2人分の材料

玉ねぎ…$\frac{1}{2}$こ
缶詰のクリームコーン
…$\frac{1}{2}$缶（←200g）
たまご…1こ
鶏のスープ…400mℓ
塩…小さじ$\frac{1}{3}$（←2g）
さとう…小さじ$\frac{1}{4}$
コショウ…2ふり
みじん切りにしたパセリ
…好きな量

※鶏のスープは、売っている粉の鶏がらスープのもとを、水でといたもの。
※128ページの鶏のスープを使うときは、塩の量を3gにする。

つくり方（鍋でスープをつくる）

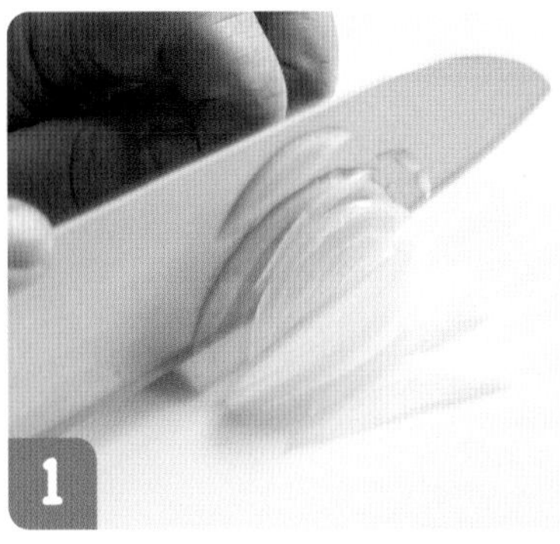

玉ねぎは、たてに薄切りにする。

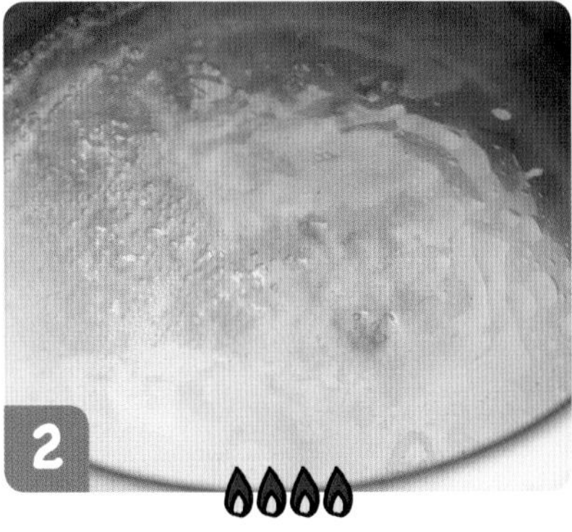

鍋に鶏のスープを入れて、中火にかける。

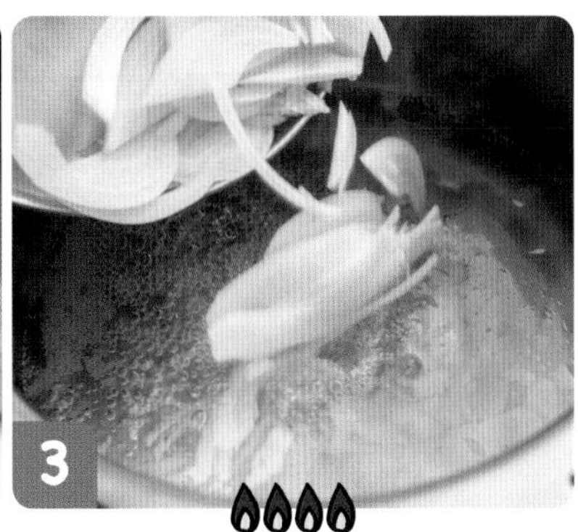

わいたら、玉ねぎを入れる。

クリームコーンを入れる。

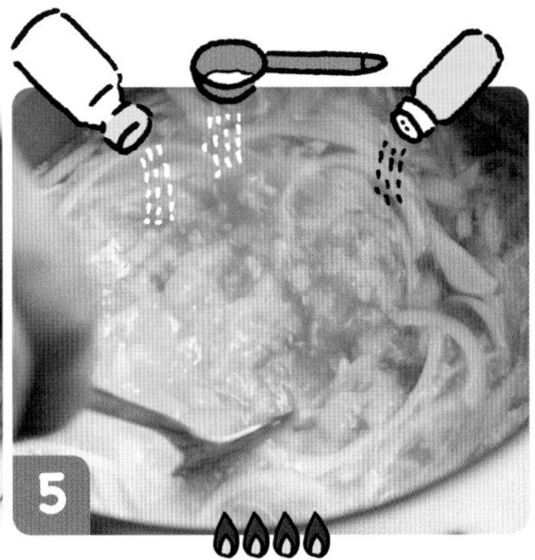

塩、さとう、コショウを入れて、全体を混ぜる。

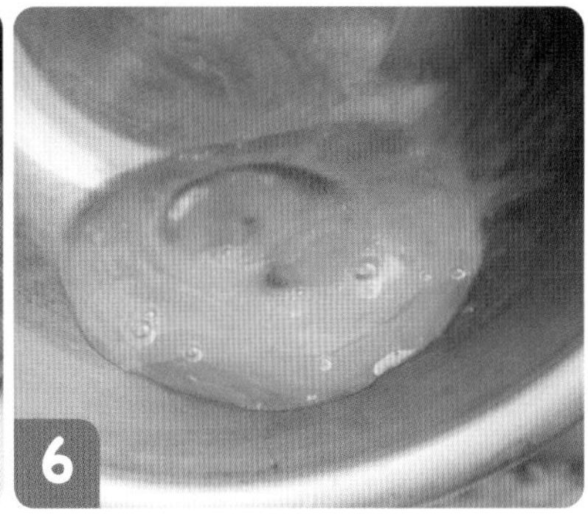

たまごをわって、ボウルに入れ、さいばしで混ぜてほぐす。

5の玉ねぎに火がとおったら、6のたまごを細くたらしながら、さいばしで鍋の中を軽く混ぜる。

たまごがかたまってういてきたら、できあがり。2つのうつわに入れて、パセリをのせる。

料理はすごい！

シェフが先生！
小学生から使える、子どものための
はじめての料理本

初版発行　2020年 4 月20日
9版発行　2023年12月20日

編 者 ©……………………… 柴田書店

発行者……………………… 丸山兼一

発行所……………………… 株式会社 柴田書店
東京都文京区湯島3-26-9
イヤサカビル 〒113-8477
☎ 03-5816-8282（営業部：注文・問合せ）
☎ 03-5816-8260（書籍編集部）
https://www.shibatashoten.co.jp

印刷・製本……………………… 公和印刷株式会社

ISBN 978-4-388-06322-2
Printed in Japan